书山有路勤为径，优质资源伴你行

注册世纪波学院会员，享精品图书增值服务

中国项目管理实战系列丛书

A DETAILED
ANALYSIS OF
THE PRACTICE OF
MARKETING
MANAGEMENT
IN BANKING INDUSTRY

银行业营销管理实战精析

赵晟泉 于兆鹏 编著

电子工业出版社
Publishing House of Electronics Industry
北京·BEIJING

图书在版编目（CIP）数据

银行业营销管理实战精析 / 赵晟泉，于兆鹏编著. —北京：电子工业出版社，2022.1

ISBN 978-7-121-42511-0

Ⅰ. ①银… Ⅱ. ①赵… ②于… Ⅲ. ①商业银行—营销管理 Ⅳ. ①F830.33

中国版本图书馆 CIP 数据核字（2021）第 261481 号

责任编辑：刘淑丽　　　　　特约编辑：田学清

印　　刷：天津嘉恒印务有限公司

装　　订：天津嘉恒印务有限公司

出版发行：电子工业出版社

　　　　　北京市海淀区万寿路 173 信箱　　　邮编：100036

开　　本：720×1000　　1/16　　印张：12.5　　　字数：245 千字

版　　次：2022 年 1 月第 1 版

印　　次：2022 年 1 月第 1 次印刷

定　　价：66.00 元

凡所购买电子工业出版社图书有缺损问题，请向购买书店调换。若书店售缺，请与本社发行部联系，联系及邮购电话：（010）88254888，88258888。

质量投诉请发邮件至 zlts@phei.com.cn，盗版侵权举报请发邮件至 dbqq@phei.com.cn。

本书咨询联系方式：（010）88254199，sjb@phei.com.cn。

前言

随着营销管理在中国各行各业的深入应用，越来越多的企业开始考虑如何将营销管理与企业实践更好地结合起来，以及如何更大地发挥营销管理的作用。

银行业也不例外。随着中国经济的发展，中国政府对金融体制改革自上而下进行的要求，以及外资银行进入中国市场与国内互联网金融的蓬勃发展，这些都使得中国银行业的市场化进程日新月异，也促使银行业越来越重视营销管理，使其积极思考如何将营销管理与银行业务更紧密地结合起来。

银行业实践需要案例的指导，以及对营销管理如何应用的深入解读，本书因而对读者有三大价值。

第一，银行业营销管理应用的全面分析。银行业各种类型金融机构的营销管理在本书中都有涉及：与大型商业银行相关的案例有 4 个，占比 13%；与股份制商业银行相关的案例有 1 个，占比 3%；与城市商业银行相关的案例有 2 个，占比 6%；与农村金融机构相关的案例有 3 个，占比 9%；与境外金融机构相关的案例有 9 个，占比 28%；与其他金融机构相关的案例有 13 个，占比 41%。

虽然营销管理的方法和技术可以在不同行业或领域中通用，但在不同场合的优先级及视角会有明显差异，而本书对银行业营销管理实战应用进行了全面分析。

第二，拓宽的营销管理视野。除帮助读者深入理解营销管理的概念和方法外，本书的一大特点是对营销管理体系做的实战精析。本书对营销管理从三个方面展开论述。

- 营销战略。营销战略包括客户需求、客户画像、差异化 3 个专题，着重解释如何制定营销战略、定义客户价值。
- 营销战术。营销战术包括提供物实物化、价格体系、价值网络 3 个专题，主要介绍如何通过营销战术运营好营销战略、实现客户价值。
- 数字化整合营销。数字化整合营销包括曝光、互动、粉丝 3 个专题，主要介绍如何通过数字化整合营销、传递客户价值。

第三，他山之石的银行业案例。对于银行业营销管理的发展而言，行业实战案例是必不可少的。出于这个原因，本书从营销管理体系出发，引入 32 个银行业营销管理案例，希望能给银行业营销管理同人提供有价值的参考，大家一起探讨、一起分享、共同完善银行业独特的营销管理体系和案例库，提升行业协同，减少沟通成本，提高合作效率。

最后，我们要感谢家人，在日以继夜的写作过程中，她们承担了许多家庭重负。没有她们的默默支持，这本书不可能顺利完成。另外，我们要感谢电子工业出版社的刘淑丽老师，她在百忙之中仍然给我们提供了许多帮助，才使得本书能够顺利出版。

由于我们才疏学浅，书中还有很多不尽如人意的地方。我们诚挚地希望本书能起到抛砖引玉的作用，希望读者对书中不合理或者需要改进的地方提出宝贵意见。您可以通过 shengquanz@163.com，yuzhaopeng@hotmail.com，告诉我们您宝贵的意见或建议，我们都会认真回复。

赵晟泉、于兆鹏

2021 年 8 月 14 日于上海

目录

第1章　银行业的分类和业务范围 1

1.1　银行业金融机构的分类 1

1.2　商业银行的业务范围 2

第2章　营销管理体系 3

2.1　认知有中国特色的营销 3

2.2　经济新常态下的核心营销
　　　观念 6

　　2.2.1　中国经济进入新常态
　　　　　　..................................6

　　2.2.2　经济新常态下营销的
　　　　　　变化 7

2.3　经济新常态下的客户价值 9

2.4　银行营销的定义和特点 15

　　2.4.1　银行营销的定义 15

　　2.4.2　银行营销的特点 16

第3章　市场洞察 18

3.1　客户洞察与"价值导向矩阵
　　　营销体系"的关系 18

3.2　如何准确把握大趋势，发现
　　　新机会 22

3.3　消费者行为是如何被四类非
　　　营销因素影响的 27

3.4　人类无法抗拒的多种需求
　　　..................................31

3.5　如何找到适合自己的目标
　　　客户 41

第4章　差异化战略 46

4.1　竞争战略决策 47

　　4.1.1　确定竞争对手 47

　　4.1.2　了解竞争对手 50

　　4.1.3　制定竞争战略 54

4.2　差异化战略决策 57

　　4.2.1　什么是定位 57

　　4.2.2　如何确定差异化定位
　　　　　　和具体差异点 59

　　4.2.3　如何传播差异化
　　　　　　定位 67

第5章　差异化战术落地 70

5.1　营销战略如何适应产品生命
　　　周期的各个阶段 70

5.2 服务类产品需要考虑的因素
和特有的营销策略 80
　　5.2.1 如何界定和分类服务
　　　　　.....................80
　　5.2.2 服务公司如何寻找差
　　　　　异化 81
5.3 品牌管理 85
　　5.3.1 品牌定位 86
　　5.3.2 品牌传播 90
　　5.3.3 品牌资产 94
　　5.3.4 品牌发展 99
5.4 价格制定和调整 102
　　5.4.1 如何为提供物制定
　　　　　价格 102
　　5.4.2 三类十二种定价法
　　　　　.....................110
　　5.4.3 运营中的产品价格
　　　　　管理决策 119
5.5 传递价值的网络 125
　　5.5.1 渠道的必要性 126
　　5.5.2 如何建立渠道 129
　　5.5.3 渠道管理决策 134

第6章 进入市场 139
6.1 设计专业的整合营销方案
　　.....................140
　　6.1.1 如何开展营销传播
　　　　　.....................140

6.1.2 传播过程中信息如
何被传递 141
6.1.3 如何影响目标受众
　　　.....................142
6.1.4 经济新常态下常见
的营销传播形式......143
6.2 如何实现高效的拉新留存
　　.....................152
　　6.2.1 确定传播目标.......153
　　6.2.2 设计传播信息.......155
　　6.2.3 选择传播载体........163
　　6.2.4 衡量传播效果........166
　　6.2.5 整合营销传播.......168
6.3 营销实战经验 171
　　6.3.1 服务管理实战经验
　　　　　.....................172
　　6.3.2 品牌实战经验........173
　　6.3.3 定价实战经验.........179
　　6.3.4 价值网络实战经验
　　　　　.....................183
　　6.3.5 营销传播实战经验
　　　　　.....................186

附录A 银行业知识管理案例集
清单（32个）.................189

参考文献.........................191

第1章

银行业的分类和业务范围

本章内容

- ❏ 银行业金融机构的 6 个分类
- ❏ 商业银行的 12 个业务范围

随着中国经济的发展，货币化进程越来越快，全社会对于金融的需求越来越大，推动了银行业的快速发展。中国政府对金融体制改革自上而下的要求，外资银行进入中国市场及国内互联网金融的蓬勃发展，都使得中国银行业的市场化进程日新月异。这就使得银行业越来越重视产品管理和与之如影相随的营销管理，因为产品创新和营销运作是加快市场化进程的重要手段。

随着银行业向市场化的转型，各大银行和机构都在探索产品创新的方式，通过专业化的营销管理来推广产品，因此，银行业对产品管理和营销管理的要求越来越高。

1.1 银行业金融机构的分类

现阶段，我国的银行业金融机构主要分为 6 类，即大型商业银行、股份制商业银行、城市商业银行、农村金融机构、境外金融机构和其他金融机构。

- 大型商业银行包括中国工商银行、中国农业银行、中国银行、中国建设银行、交通银行、中国邮政储蓄银行。
- 股份制商业银行包括中信银行、光大银行、华夏银行、广发银行、平安银行、招商银行、浦发银行、兴业银行、民生银行、恒丰银行、浙商银行、渤海银行等。
- 城市商业银行包括北京银行、上海银行、南京银行、宁波银行、江苏银行等。
- 农村金融机构包括农村商业银行、农村信用合作社和新型农村金融机构。
- 境外金融机构包括外资银行，如渣打银行、汇丰银行等。
- 其他金融机构包括政策性银行（国家开发银行等）、民营银行（微众银行等）、非银行金融机构（拉卡拉、汇付天下等）。

大型商业银行的资产总额占全国银行业资产总额的近 40%，因此，大型商业银行在我国银行体系中占据主导地位。

本书中的银行业案例，与大型商业银行相关的有 4 个，占比 13%；与股份制商业银行相关的有 1 个，占比 3%；与城市商业银行相关的有 2 个，占比 6%；与农村金融机构相关的有 3 个，占比 9%；与境外金融机构相关的有 9 个，占比 28%；与其他金融机构相关的有 13 个，占比 41%。

1.2 商业银行的业务范围

目前，商业银行的主要业务范围如下所述。

- 吸收公众存款。商业银行最主要的负债业务。
- 发放短期、中期和长期贷款。商业银行最主要的资产业务。
- 办理国内外结算。国内外的支付结算、增值服务、综合现金管理等。
- 办理票据承兑与贴现。客户将未到期的票据提交银行，由银行扣除自贴现日起至到期日止的利息而取得现款。
- 发行金融债券。金融债券是指银行及其他金融机构所发行的债券，多为信用债券。
- 代理发行、代理兑付、承销政府债券。政府发行的债券，银行可以代理发行、兑付或承销。
- 买卖政府债券、金融债券。从事政府债券买卖的业务。
- 从事同业拆借。银行相互之间的资金融通。一般均为短期，常常是今日借、明日还。其形成的根本原因在于法定存款准备金制度的实施。
- 买卖、代理买卖外汇。该业务包括对公外汇存款和外币储蓄存款等。
- 提供信用证服务及担保。信用证是指银行应买方的请求，开给卖方的一种银行保证付款的凭证。开证银行授权卖方在符合信用证规定的条件下，以该行或其指定银行为付款人，开具不超过所定金额的汇票，并按规定的随附单据，按期在指定地点收款。
- 代理收付款项及代理保险业务。代理收付款是商业银行利用单位、个人在其开立账户的便利，接受客户委托，代替客户办理收付款项事宜。
- 提供保管箱服务。银行保管箱业务是一种由银行等金融机构提供金融保障的服务。

第**2**章
营销管理体系

本章内容

❑ 营销观念的变化
❑ 矩阵营销体系

本章案例

❑ 案例 2.1　美团 "月付" 叫板蚂蚁金服 "花呗"
❑ 案例 2.2　信用卡摆摊晋级数字化营销
❑ 案例 2.3　通联支付数字营销拥抱智慧旅游

营销管理分为三个领域，即定义价值、实现价值、传递价值。

2.1　认知有中国特色的营销

首先，我们来看一个非常简单的问题：什么是营销？

对营销的定义是随着时代的变迁而不断变化的。美国市场营销协会最初给营销下的定义："营销是把商品和服务从生产地流向消费地而从事的各种经营活动。"这里强调的是 "提供物是商品和服务"，强调的营销功能是 "流通"。这符合当时经济贸易的主要需求——供不应求，营销以 "有" 为导向。

美国市场营销协会对营销的新定义："营销是一种活动。这种活动是由一系列机构和流程组成的，这些机构和流程是为了创造、交付和交换对消费者、企业客户、合作伙伴和整个社会都有价值的提供物。"这里唯一的变化就是开始强调价值营销，价值营销是以 "懂" 为导向的营销，提供物仅仅让消费者感到 "好" 已经不再足够，因为现在市场同质化严重。在一种超竞争的状态下，有好的产品、服务和创意的企业不止一家，这种情况下在产品、价格、渠道方向上寻找差异化变得越来越困难，且保持优势的时间变得越来越短，跟随者很快就可以效仿。此时，价值营销成了破局利器，客户一旦认同了你的价值观，或者和你的价值观产生了共鸣，感性就会牢牢地把他们固定在你周围，使他们不再费时费力去比较提供物的细微差别。价值营销的对象不能仅仅是你的客户，你的主要利益相关方（供应商、销售商、股东等）也需要认同你的价值观，这样才能形成合力和难以逾越的护城河。

我们认为，现在的营销要在美国市场营销协会新定义的基础上加入一些重要的元素。

万事皆营销：美国市场营销协会把营销的范围扩大了。营销不仅可以应用于商业领域，还可以应用于我们日常生活中任何有交换性质的活动，如日常购物、升职加薪、观点输出，等等。

营销不仅需要纵向营销，还需要横向营销。在纵向营销思维中，最经典的成果就是市场细分理论。但现在已经出现市场被过度细分而导致无利可图的情况，所以我们在使用纵向营销思维的同时，需要增加横向营销思维。我们已经进入一个纵向营销和横向营销相结合的时代。若一个企业还不知道什么是横向营销的话，5年内它可能会被淘汰。

目前，许多企业家的营销思维还停留在供不应求的年代，即以"有"为导向的营销思维。他们以产品为导向，有了一个想法首先把产品生产出来，然后去找市场。现在，他们要么被淘汰了，要么在被淘汰的边缘。这类企业通常分不清什么是营销（Marketing）、什么是销售（Sales），在它们的招聘广告中就可以看出这一点。

也有一部分企业家用以"好"为导向的营销思维运营企业，他们首先研究市场需求，找到一个或者几个细分市场，然后针对这些市场特定的需求生产产品、销售产品。一些企业在中国人口红利还没有消失前发展得不错，然而，随着中国经济进入新常态，这些企业的运营也面临着越来越大的压力，因为市场细分到一定程度就无利可图了。

与此同时，还有许多企业家在用横向营销思维发现空白的市场，即大家常说的蓝海市场。例如，美团的共享出行，将私家车和公共出行跨界组合在一起；吴晓波跨年知识分享晚会是娱乐和教育的跨界组合；在380空客上开餐厅是交通和餐饮界的跨界整合；海底捞火锅在家吃；在家一对一上外教课的VIPKID，等等。它们采用的都是横向营销思维模式，跨界联合发现空白的市场，而不是在已知的市场里拼得头破血流。

案例2.1 美团"月付"叫板蚂蚁金服"花呗"

💲 案例背景

2020年5月29日，美团"月付"正式上线，其前身为"美团买单"。和花呗一样，美团"月付"主打先享后付的消费体验。通过"月付"，用户还可以在美团消费场景内叠加优惠权益之和。

多元化生活场景的搭建，渗透到用户生活的方方面面，同时积累了一定流量基础的美团，开始寻觅以金融、支付贯穿各场景交易轨迹的契机。目前，美团旗下的金融服务有美团生活费借钱、上海银行美团联名卡、美团理财等。美团此次推出的"月付"前身为2019年下半年在一定范围内测试的"美团买单"，"美团买单"主打"本月花、下月还、零费用"，用户在申请后，系统会根据用户的账户情况，提供500元、1000元、1500元等固定授信额度。在试水的过程中，"90后"成为"美团买单"主要用户群体，占比超6成。

升级后的"月付"，在"美团买单"的基础上，进一步明确次月8日为还款日，最长免息38天，可分12期付款等服务条件。目前，"月付"仅适用于美团旗下生态场景，为了增强用户的使用黏性、贯穿性，"月付"提供支付立减优惠。在互联网消费金融的"战场"，有着先发优势的花呗占据了一席之地，用户量已突破3亿人，而作为后来者的"月付"也不甘示弱，隔空叫起了板。美团"月付"的外卖场景如图2-1所示。

图2-1 美团"月付"的外卖场景

根据美团提供的算法，以上班族正常一个月叫20次外卖（每次约25元）、3次到店消费（每次约100元），月餐饮开销总计800元为例，同样本月吃、下月还，同样 23 笔交易，美团"月付"只需用时 23 秒，预计可节省 62.05 元；而花呗则需用时 6 分钟，预计可节省 5.42 元。

案例分析

在本案例中，美团营销方法的变化，实际上是从"好"到"懂"的营销导向的转变。我们知道，餐饮外卖一直是美团的核心业务，也是收入的重要源头。因而，美团"月付"从"吃"上做营销、下功夫，不失为一种巧策，其核心是认准细分场景，因为更懂，所以做得更透。

为了配合场景化消费的特点，美团"月付"也做出了针对性调整。和动辄几千元、几万元额度的传统消费金融相比，美团"月付"瞄准的是以小额、高频的外卖业务为主要载体的市场，用户黏性更强、风控安全性更高，确实有基于横向营销（吃和金融的横向组合）发现"蓝海之战"的意味。

"定位之父"杰克·特劳特这样描述"蓝海之战"："从领导者强势的弱点出击，而那些隐藏在领导者强势中的弱点是他们与生俱来无法避免的。尽可能地收缩战线，比较理想的进攻状态是单一产品，全线产品是一种奢侈。蓝海之战应该集中在狭窄的阵地上打响，以确保获得首期战果。"

因此可以预见，美团在美团外卖餐饮业务所带来的巨大流量、收入之下，结合美团体系内优惠、服务的"月付"，可能在强化自有生态壁垒的同时，撬动起亿级场景化消费金融市场空间。

2.2 经济新常态下的核心营销观念

快消品领域以集中销售为主，渠道被少数几个分销商巨头集中控制，这造成生产厂商数量的减少，而幸存厂商为了应对分销商巨头的压力，以及对市场过度的细分，制造了更多的品牌。在超竞争环境下，产品生命周期大幅缩短，企业和员工的压力日益加大，我们所处的经济环境和营销环境比以往任何时候都更加复杂和变幻莫测。

2.2.1 中国经济进入新常态

中国经济已进入新常态，经济新常态的特点就是持续性稳增长和调结构。著名经济学家、北京大学光华管理学院名誉院长厉以宁先生在其《破题中国经济新常态：

三大改革最重要》中写道："对大多数企业来说，新常态应该体现在三个方面。"

第一，企业应该有一种自主创新的动力。有了自主创新的动力，依靠自己的产品，依靠技术进步，就能够占领市场。动力主要就是靠创新，即如何用新技术开发新产品，进行有效的产品管理。

第二，每家企业的管理都是有潜力的，营销也是有潜力的，市场是靠人来创造的。企业有了这个想法，管理就会有改进，营销就会有变化。这样，企业就处于新常态了，即旧的营销思维需要改变了。

第三，每家企业要适应新的形势的变化。例如，现在的新形势变化表现为互联网的影响越来越大，实际上这意味着消费者参与的程度越来越高，那么当前消费者的选择就是非常重要的。如果企业不清楚这个新的变化，还跟过去一样，那么产品可能很快就会滞销，很快就会被别人赶上，即需要以"懂"为导向的横向营销新思维。

现在，中国广泛使用的营销理论基本上来源于 1960 年西方的产物。我们学习西方理论的时候，不能够简单地全部照搬，必须将营销学本土化。理论的适用性决定于条件，在西方适用的理论，不见得适用于我们。

中国与世界都进入一个新常态，这个新常态本身就是一个动态的、不断塑造新的中国与世界大格局的过程。认真分析、抓住机遇，创新营销是中国经济的所有参与者需要学习的必修课，本书将让大家明白如何专业化和差异化进行有中国特色的创新营销。

2.2.2　经济新常态下营销的变化

客户期待更高质量的产品和服务，期待定制化服务，较低的品牌忠诚度，更理智地购买产品，价格敏感度高。

企业面对剧烈的竞争，它们的常用手段是重组，或者利用外部资源，如电子商务、依赖供应商，因此导致市场更加集中化。

在这种经济新常态下的营销人员，他们越来越注重关系营销。营销人员不仅找新客户，还向上或者横向销售老客户，更多地进行目标营销、定制化营销、数据库营销、整合营销传播，在决策上从直觉决策向数据决策演变。

案例 2.2　信用卡摆摊晋级数字化营销

$ 案例背景

2020 年"摆摊经济"成为社会新闻而火爆起来，各种形式的段子在网上流行，银行业有些人士也在讨论应该去摆摊发卡的话题。其实，信用卡摆摊发卡的方式已经流行了 20 多年，已成为信用卡推广中的重要方式。时至今日，我们仍然能在写字楼、地铁站等区域看到信用卡销售人员利用摆摊的方式推广信用卡，如图 2-2 所示。

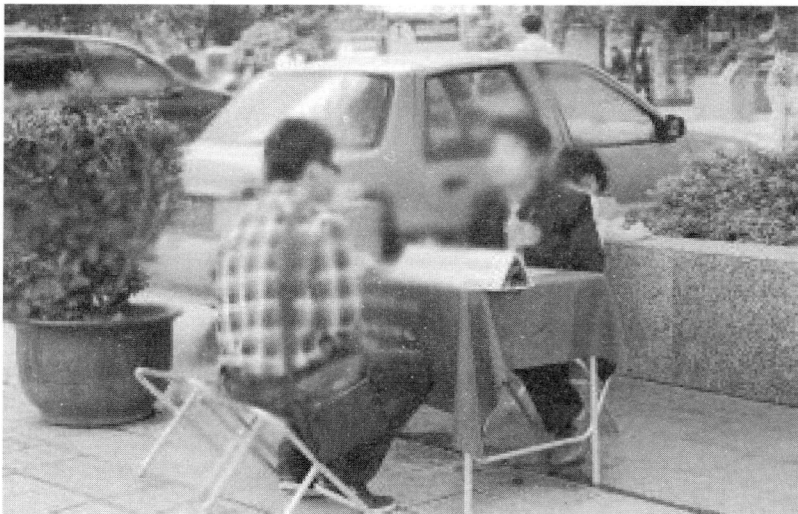

图 2-2　某银行信用卡销售人员摆摊

现在，信用卡市场已经发生了翻天覆地的变化，无论是信用卡的市场规模，还是移动互联网对信用卡的影响，以及用户对信用卡的认知都变得非常成熟，因而传统摆摊的销售模式面临着市场挑战。

这其中的原因有二：一是随着市场规模的日益扩大，信用卡市场已经呈现出明显的买方市场现象，市场也日趋饱和，一人多卡现象极为普遍，用户对信用卡的需求已经变得挑剔，对信用卡的观念也从过去需要信用卡转变为需要适合自己的信用卡，传统的信用卡销售模式已经无法满足用户的需求；二是摆摊所涉及的摊位费、礼品费等成本越来越高，而发卡效果越来越差，办卡已经沦落为礼品的"附庸"。用户观念的转变决定了传统摆摊的销售模式与市场发展不相适应了。

💰 **案例分析**

互联网的发展，特别是移动互联网出现后，信用卡的网络营销成为重要的营销方式，银行业只有引入新的营销理念才能适应市场的发展和变化，促使信用卡营销模式从理念上变革。信用卡营销经历了摆摊的传统方式后，如今进入了精准营销、网络营销和移动化营销时代。

伴随着金融科技浪潮的风起云涌，移动互联网、大数据、云计算、区块链等新一代信息技术迅猛发展，信用卡数字化经营时代已经到来。通过深度应用多维新兴技术，对信用卡经营模式的各个流程进行"数字化"改造，包括数字化产品、数字化营销、数字化获客、数字化风控、数字化运营等一系列流程。

2.3　经济新常态下的客户价值

多年以来，我一直在寻找一个问题的答案，即如何从这些错综复杂的营销理论和千变万化的营销环境中找出一个简单的模型，来指导企业营销人员提供令客户满意的服务，甚至超预期的服务。这个模型应该能适应人类社会进入 21 世纪后加速度的变化步伐，应该能帮助企业打破产品严重同质化和超竞争的局面，应该能够指导营销人员进行差异化和专业化的营销活动，这个模型需要有具体的标准流程和工具去实施营销策略。

经过近 30 年的市场营销工作实战经验总结和不断验证、修正传统营销理论，我终于找到了答案——以"懂"为导向的矩阵营销体系 VBMM （Value-Based Matrix Marketing)。VBMM 以"懂"客户的需要、想要和价值观为基础，建立起可盈利性客户关系，如图 2-3 所示。这个营销体系是为了适应互联网经济和数字化经济下的营销需求而产生的，它提供面对一个已知市场需要的专业化深耕的纵向营销技术，也提供面对零增长的市场或者发现新市场需要的创新型横向营销技术，而且包含了齐备的来之能战、战之能胜的各种营销武器。为什么这么说呢？第一，它可以帮营销人员把过去经典的营销知识和现在日新月异的营销需求联系起来。营销人员面对每天发生在身边的各种营销新方法、营销新概念，通过矩阵营销体系能很快懂得它们背后的逻辑，并可以有自己的判断，它们将来会如何发展。即使对不熟悉的行业，营销人员也可以有把握地回答这类问题："短视频营销适不适合做品牌推广？""矩阵营销体系是怎么实施的？我是做教育行业的，我是不是也可以这样做，并取得成功？""我从祖辈继承下来 50 多家餐饮店，我应该用什么策略在几年之内扩展到 1000 家店，并且我原来的品牌价值不会贬值？"等等。第二，营销人员可以以图 2-3 的以"懂"为导向的矩阵营销体系为指导，结合后文将要一步步介绍的标准流程和工具，简单快速地形成自己的营销策略、整合营销方案，并执行、评估和改进它，从而带来营销人员希望的业务结果。例如，营销人员将了解到如何精准地找到客户画像的标准流程和工具。

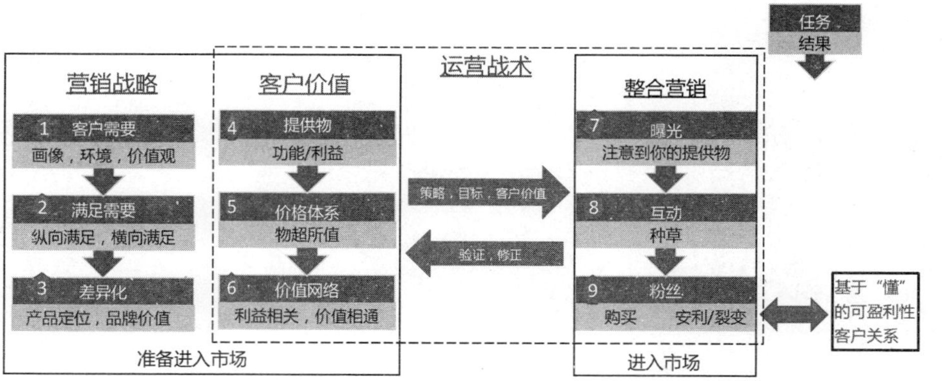

图 2-3 以 "懂" 为导向的矩阵营销体系

中国市场上有四类企业。第一类企业是先把产品生产出来，然后找市场销售出去。这一类企业市场营销的理念是（如果它们确实是有意识这样做的话）以 "有" 为导向。中国改革开放初期，市场主要矛盾是供不应求。许多企业用这样的模式获得了初期的成功，但很难基业长青。第二类企业是去满足市场上已经表现出来的需要，要住房它就盖房子，要穿衣服它就做衣服，饭馆、汽车、计算机等都可以比别人做的价格低。这一类企业市场营销的理念还是以 "有" 为导向，即以企业为中心的营销理念。跟第一类企业不同之处在于，它是发现了市场上现有需要后去满足这种需要。第三类企业以客户为中心，先分析客户不同的需要（甚至去挖掘客户自己还没有意识到的需要，如苹果的 iPhone），用需要去界定市场，然后把市场逐步细分，为产品在每个市场制定不同的定位，以求提供更好的产品和服务。这一类企业市场营销的理念是以 "好" 为导向，力争做到细分市场中的最好。这种营销理念是从上而下的纵向营销思维，是目前绝大多数世界 500 强企业广泛应用的营销理念。由于市场的过度细分，客户越来越见多识广，客户越来越难被打动，市场新品牌数量快速增长，市场产品同质化和超竞争已经形成。而纵向营销思维长期使用的副作用逐渐显现出来：企业不断对市场进行细分，导致市场的过度碎片化，以致最后到无利可图的境地。好消息是，现在有少数企业开始意识到这一点，它们开始加入横向营销思维，使其和纵向营销思维形成互补，组成矩阵营销思维。这些企业相信，需要是可以重新定义的，它们改变思维方式、跨界整合、创造增量市场，而不是在存量市场里面拼得头破血流。它们的思维基于特定市场外部的创新营销思维。它们不仅提供好的产品给客户，并已经开始尝试把企业价值观和企业利益相关方，如客户、股东、供应商和经销商等的价值观一致，形成以 "懂" 为导向的矩阵营销体系。它们就是第四类企业，它们的营销思维是以 "懂" 为导向的营销思维。矩阵营销体系将很好地帮助营销人员理解这些企业是如何把它们的营销工作运营化的。

矩阵营销体系基于"懂"建立可盈利性客户关系，它是由两个阶段和 9 个模块组成的。首先，企业在"准备进入市场"阶段需要制定营销战略，通过运营战术把客户价值从一个想法变为现实；其次，企业需要在"进入市场"阶段让客户感受到这种价值，从而可以实现可盈利性客户关系，即战略加上战术保证客户关系的建立。战略是用来定义价值的，战术是用来传递价值的，两者加起来客户就能体会到企业提供的价值，从而愿意和企业保持长期的关系。

下面具体分析矩阵营销体系的 9 个模块是如何建立盈利性客户关系的。

模块 1：客户需要。一个市场是由人、需要和当下的环境组成的。许多营销人员往往忽略了客户的同一个需要会因为环境的不同表现为不同的形式。例如，人都有安全的需要，当骑共享单车时，欲望（想要的）是刹车；当坐飞机时，欲望（想要的）是飞机的可靠性；当到一个陌生的地方旅游时，欲望（想要的）可能是百度导航。在实战中，营销人员需要关心客户有效的欲望，即客户有欲望且能买得起，因为只有以支付能力为前提，一个欲望才能变为一种需求。例如，许多人都喜欢奔驰汽车，有买奔驰汽车的欲望，但不是每个人都有能力把这种欲望变为需求。在实战中，营销人员还需要注意的是，依据马斯洛需求理论，人的需求是递进的，这意味着当生存、安全、社交和尊重的需求得到比较好的满足时，最优先的需求将变为"自我实现"，即自己认为自己应该成为什么样的人，希望做符合自己价值观的事。

中国的"十四五规划"和 2035 年预见目标已经很清晰地告诉每个嗅觉敏锐的营销人员，将有越来越多的中国人需要进入"自我实现"层次，所以企业现在就需要建立以"懂"为导向的营销思维，将企业的价值观和客户等利益相关方的价值观统一起来，否则必然会被市场所淘汰。简单地说，营销人员需要做的事就是：了解清楚客户需要。营销人员是否真的了解客户需要有 3 个检验标准：是否可以用不同的标签清晰、准确地把目标客户定义出来？他们的需要、欲望和需求是什么（不仅仅是功能和利用的需要，还有价值观的需要）？并把这些需要、欲望和需求按照不同标准进行分类。

模块 2：满足需要。当对客户需要按照第一个模块的要求弄清楚后，营销人员自然想知道如何满足它。首先，营销人员需要意识到不是所有客户的所有需要都要满足，应该选择企业愿意且能够满足的客户的需要。这样，营销人员的选择范围将大大缩小，更容易聚焦。如果客户想开发的是一个发展初期的已知市场，或者希望对现有市场进一步开拓，纵向营销的 STP（市场细分、目标市场和定位）工具会是一个好的选择；若客户面临现有市场增长率不足以支持发展的要求，或者想白手起家创建一个全新的市场，营销人员需要利用横向营销思维，在非关联事物中跨界发现新产品或新品类，横向联合可以联合的力量，利用客户天然的横向沟通网络来满足客户的需要。当然，更多时候，一个企业有多条产品线，既需要用到纵向营销也需要用到横向营销，即我们前文提过的矩阵营销体系。

模块 3：差异化。这是指提供理由给客户，让他们选择你而不是你的竞争对手的提供物。产品定位决定了提供物能给客户带来的功能和作用。品牌定位应该告诉客户，企业能提供给他们的价值是什么。产品定位通常用来打动客户理性，而品牌定位用来打动客户感性。例如，信用卡的功能是可以预支，信用卡带给人们的价值是他们可以提前享受生活，有些信用卡的宣传语是"让生活更精彩"，这符合许多年轻人的价值观，对应着人类与生俱来的追求舒适的需求，即马斯洛需求理论的生存需求（注意：生存需求在不同的环境下表现为不同欲望）。营销人员需要对人们的各种需要有所了解，这样才能在千变万化的想要中找到客户的需要是什么，从而才有可能回答好：如何差异化满足客户需要的问题。

案例 2.3　通联支付数字营销拥抱智慧旅游

案例背景

2020 年中秋、国庆假期，旅游业在新型冠状病毒肺炎疫情（以下简称"新冠肺炎疫情"）有效防控下加速复苏。文化和旅游部数据中心测算，中秋、国庆 8 天长假期间，全国共接待国内游客 6.37 亿人次，国内旅游收入 4665.6 亿元，同比恢复 69.9%。

旅游市场的进一步复苏，对景区的服务与管理提出了更高的要求，旅游行业的智慧化转型成为必然趋势。随着新技术的快速发展，人们的信息获取方式、出行方式、支付方式都实现了智能化，对文化和旅游的需求也从"有没有"变成了"好不好"，旅游行业的智慧化转型迫在眉睫。

在这种形势下，如何通过金融科技服务手段为旅游行业提供智慧化的综合定制服务成为各家服务机构急需解决的问题。此时，通联支付带着智慧景区综合解决方案走入了文旅企业的视线，以"综合支付+数字营销+智慧管理"三位一体的综合服务推动旅游行业智慧化升级，如图 2-4 所示。

综合支付方面。一是线上线下一体化综合支付，满足旅游景区多元化支付需求，引入非接支付、刷脸支付等新兴支付方式；二是与景区的票务系统对接，实现售票窗口刷卡及扫码、自助售票终端、微信小程序、微信公众号、官网线上 POS 支付等全支付方式，提高入园通行效率和用户体验；三是基于智能账务管理功能，帮助景区企业统一对账、智能分账，提供从购票到景区内购物街、游乐场、超市、酒店等场景的综合结算服务。

图 2-4　通联支付解决方案

数字营销方面。通联智慧景区综合解决方案不仅能满足景区各个板块和业态的线上线下一体化综合支付需求，还能为其提供营销引流、会员管理的工具，聚焦互联网营销、数据分析和异业引流，帮助景区形成对不同客户群的精准分类触达和需求唤醒，实现多维度、多场景、多商圈的互动营销。与此同时，还可以通过数据中心实时了解游客的消费情况，实现旅游线路、文创、农副土特产等多种内容和产品的精准营销和触达。

智慧管理方面。通过构建智慧景区旅游业态的方式，有助于文旅行业票务系统、会员管理系统、分销管理系统、线上商城系统、智慧停车系统等各项业务系统的融合打通及异业资源的共享，实现了"管理+""服务+""经营+"的智能升级，助推旅游景点实现从门票经济到产业经济的蜕变与进阶。

案例分析

矩阵营销体系中所说的客户画像、产品满足什么需要及产品定位和品牌定位，这三点在通联支付智慧景区综合解决方案中都有所体现。

我们从游客和景区两个角度来分析其不同的需要（Need）、欲望（Want）和需求（Demand）。

首先是游客。游客的需要（Need）是获取方便快捷的服务；欲望（Want）是通过多渠道获取景区服务；需求（Demand）则表现在具体的场景上，如刷脸就能支付，避免排队时间过长。

其次是景区。景区的需要（Need）是管理统一清晰，如统一对账、综合结算；欲望（Want）是景区各个板块和业态的线上线下一体化综合支付；需求（Demand）则是营销引流和会员管理等。

通联支付充分发挥自身在综合支付与信息服务领域的服务优势和经验，满足游客和景区两个方面的三层次需求（需要、欲望和需求）。"综合支付+数字营销+智慧管理"三位一体，已在全国多个省市实施，为全国数十个景区提供高效、便捷、定制化的综合服务，实现景区旅游全要素、全链条的智慧管理和经营，有助于景区服务质量和管理效率的双效提升，也为文旅行业的复苏、经济回暖按下了"加速键"。

到这里，营销人员已经可以很好地回答 3 个问题了：你的客户是谁？你如何满足其需要？客户为什么买你的而不是别人的产品？这 3 个问题的答案形成了营销战略，即营销人员给客户提供什么样的价值。接下来，营销人员需要做的是实施这个策略，也就是让被选择的客户感受到企业提供给他们的这个独特价值，并愿意跟企业保持一种可盈利的长期关系。

营销人员要做到这一点，需要借助接下来的 3 个模块把客户价值商品化，即模块 4——提供物、模块 5——价格体系和模块 6——价值网络。提供物实现营销人员想要满足客户的全部需要，价格体系让客户感受到是物无所值、物有所值还是物超所值，价值网络决定了客户用什么样的成本享受企业提供的客户价值。所有这些（营销策略和客户价值商品化）都是企业进入市场前需要做的准备工作，即"准备进入市场"这个阶段的工作。

接下来，营销人员需要通过曝光、互动、粉丝让客户感受到客户价值。一旦客户认可企业提供的客户价值，那么他们就愿意和企业保持可盈利的长期关系。在这个过程中，营销人员需要对两个因素施加影响：一个是客户的感性，另一个是客户的理性，因为所有成交决定都是基于这两个因素产生的综合结果。目前，营销人员对自己产品或服务或体验如何影响着客户理性、价格体系，如何影响着客户的感受、价值网络，如何影响着客户的感性，已经有了一定的预期，但没有进入市场的营销战略和营销战术都是纸上谈兵。唯一检验营销人员的营销战略和营销战术是否有效的手段就是，通过整合营销活动让客户真真实实地感受这种价值，即营销人员需要通过模块 7——曝光、模块 8——互动和模块 9——粉丝这 3 个模块检验客户价值是否真的被客户所接受。

营销人员想把客户价值传递给客户的时候，他们需要通过上述 3 个模块去判断一下，目前客户处于哪个阶段。如果客户对产品完全不知道、也不了解，那营销人员需要做的就是曝光。通过营销活动让客户知道企业提供什么产品、产品的价格，以及客户可以通过什么渠道获得产品。这时，营销人员的目的是影响客户的理性——认识品牌。如果客户已经知道产品的存在，并且对产品也有一定的了解，知道它的用途，那么营销人员就应该跟客户互动了，而不要再浪费时间和资源告诉客户"你是谁"了。互动的目的是希望客户能够喜欢上产品，甚至觉得你的产品是最适合他的。这里通常更多是在影响人的感性，让你的产品和客户建立起某种心灵上的连接，这里如果已经有一个不错的产品，营销人员就会觉得工作容易很多。如果潜在客户已经很喜欢你的产品，只是在想什么时候买、买多少、在哪里买等问题。营销人员需要做的就是把潜在客户转化为客户，然后确保他使用产品的感受和之前营销人员告诉他的一致，如果不能更好的话。如果营销人员能让客户感到惊艳，那么就要恭喜你啦，因为客户通常会进一步成为企业的粉丝，帮助企业到处宣传，让更多的人体验企业的产品，这就是大家经常说的裂变。当一个潜在客户成为企业的客户之后，更重要的就是企业在运营过程中能够做到营销人员在营销过程中所承诺的那些价值，即维持和发展产品。

到这里，我们简单介绍了矩阵营销体系，我们快速回顾一下如何使用这个体系。首先，营销人员得清楚想服务的客户是谁；然后，基于客户画像确定什么提供物可以满足他们的什么需要，最重要的是如何差异化地满足，即你的产品定位和品牌定位的差异化。待这些确定后，营销人员就可以着手设计、开发、生产能体现产品定位的实际产品，制定能反应品牌定位的价格体系，并且找到合适的、有效的价值网络去把这种价值传递给客户。在传递过程中，营销人员要用曝光、互动和粉丝区分促销活动的目的是什么，如对谁、传递什么、在哪儿传递、传递的频率、用什么媒介传递等。矩阵营销体系可以帮助营销人员快速理清如何解决实际营销问题的思路。

2.4　银行营销的定义和特点

2.4.1　银行营销的定义

银行营销实际上是营销理念及策略随着环境变化从管理领域向金融领域延伸的结果。以前，商业银行因为金融市场产品的长期供不应求，所以缺乏主动服务意识，也不可能有营销的需求。如今，各商业银行开始争夺客户，一些面临困境的商业银行逐步意识到：银行也需要营销。基于这样一种发展的内在需要，营销理念及营销策略等开始逐步向商业银行领域延伸，这既是市场营销发展的新趋势，也体现和反映了金融企业发展对市场营销的需求。

银行营销概念的出现，最早可以追溯到 1958 年美国银行家协会（ABA）召开的年会，会上首次提出了"银行营销"的概念。不过，这次提出仅仅是把银行营销简单地看作"广告与公共关系"的代名词。1972 年，英国《银行家》杂志提出了"银行营销管理是指把盈利的银行服务传递给经选择的客户的一种管理活动"。

根据营销的本质及银行营销的特殊性，我们将银行营销定义为：商业银行以客户的金融服务需求为中心，通过创造和提供客户需要的金融产品和服务，建立、维护和发展与各方的关系，以实现各方利益的一种经营管理活动。

2.4.2 银行营销的特点

银行是经营货币的金融机构，所以银行营销具有自己的特点。因此，银行营销既要运用企业营销的方法，又要符合银行业经营的特点。银行营销的特点表现为以下五个方面。

一是银行营销属于服务营销。作为金融机构，商业银行向客户提供的产品主要是金融产品，金融产品可以定义为"以特定市场为目标，由一种金融机构为任意客户提供的一整套服务"。根据这种特性，商业银行在制定营销方案时，必须考虑服务本身所具有的四种特征：无形性、不可分割性、可变性和易消失性，并且努力做到让客户满意。

二是银行营销实施整体营销。整体营销是指商业银行以客户需求为中心，把内部营销、传统营销及互助营销等策略组合成为一个有机的整体，积极地管理客户期望，提升客户对服务质量的评价，提高客户满意度，最终实现利润最大化。在这个过程中，商业银行在员工管理、客户期望管理、忠诚客户维护等各环节进行协调，开展营销活动，借此树立良好形象、扩大客户队伍，从而使商业银行的经营利润大幅增加。

三是银行营销注重关系营销。关系营销的重点是，营销主体在营销活动中要与相关各方建立相互信任的合作关系。商业银行作为信用中介或金融机构，客户对它的信任显得尤为重要。因此，商业银行的关系营销主要是指，银行与客户及其他利益相关者或组织建立长期、稳定、互信互惠关系的活动或过程。关系营销强调，商业银行应尽力满足客户需求，并与之保持有利的长期客户关系，特别是在日臻成熟的市场中，面临日益强盛的竞争对手时，商业银行维系现有的客户关系比从竞争对手手中争取新客户更划算。

四是银行营销主要采用直接营销渠道和方式。营销渠道是指为使产品或服务更加方便客户使用或消费，与这个过程有关的一整套相互依存的机构。一般来说，营销渠道包括直接营销渠道和间接营销渠道。银行业务及服务的特性决定了银行营销采取直接营销渠道和方式更加有利。商业银行在采用直接营销渠道和方式时，能够突显及时性、低成本、便于及时了解市场等各种优势和特性。

五是银行营销的目的是实现双赢。商业银行营销的目的有两个：一是提高自身的市场竞争力，满足自身发展的需要；二是向目标客户提供其所需要的金融产品与服务，满足客户的金融需求。商业银行营销的双重目标要求商业银行制定可以实现双赢的一整套营销策略。

综上所述，银行营销的五个特点为服务营销、整体营销、关系营销、直接营销、双赢，而本书所提出的矩阵营销体系恰好符合这五个特点，将分为三个部分来讲解，并列举银行业实战案例来佐证说明。

第一部分包括客户需求、客户画像、差异化等内容，着重解释如何制定营销战略、定义客户价值。

第二部分包括提供物实物化、价格体系、价值网络等内容，主要介绍如何通过营销战术运营好营销战略、实现客户价值。

第三部分包括曝光、互动、粉丝等内容，主要介绍如何通过数字化整合营销、传递客户价值。

第3章

市场洞察

本章内容

- ❏ 客户洞察与"价值导向矩阵营销体系"的关系
- ❏ 消费者购买模型
- ❏ 宏观营销分析三步法
- ❏ 四类非营销因素
- ❏ 人类多种需求
- ❏ 找到目标客户

本章案例

- ❏ 案例 3.1　短视频和直播发力——金融机构谋获客新变局
- ❏ 案例 3.2　青岛银行"5G+生态"，实现"一带一路"双循环
- ❏ 案例 3.3　多元创新金融服务描绘新农村宏图
- ❏ 案例 3.4　美国早期信用卡欺诈案件
- ❏ 案例 3.5　马来西亚支付行业群雄逐鹿
- ❏ 案例 3.6　跨境电商新风口成就首家外资银行卡清算机构
- ❏ 案例 3.7　久悬账户的优质客户挖掘

3.1　客户洞察与"价值导向矩阵营销体系"的关系

　　任何一个企业在进入市场前，应该做好两种准备：一是制定正确的战略，二是通过运营把战略落地。无论是战略还是运营，它们的起点和终点都是客户洞察。客户洞察与"价值导向矩阵营销体系"的关系如图 3-1 所示。任何战略都基于一定的前提，前提可以由事实和假设组成。事实可以是你自己认为的事实，也可以是客户认为的事实；假设可以基于你自己认为的事实，也可以基于客户认为的事实。

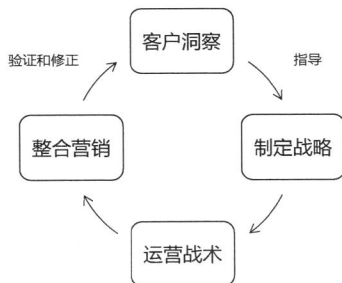

图 3-1　客户洞察与"价值导向矩阵营销体系"的关系

明智的企业都会尽可能增加基于客户角度的事实，减少基于自己认知的事实。许多失败的企业一开始就注定会失败，因为它们天真地以为自己已经非常了解客户。有的企业一开始确实很了解客户且获得了成功，但无法保持，因为客户的需要和市场环境是在变化的，而这些企业忘记了这一点。成功的企业都有一个共同点，那就是它们以客户洞察为起点，愿意在开始的时候慢一点，踏踏实实做好客户洞察，为制定贴合市场实际情况的战略打下坚实的基础；进入市场后，它们仍然会保持和客户的密切沟通，了解自己的战略、战术和营销工作是否符合市场的实际情况，是否符合客户的预期，并做出必要的修正。

那么，客户洞察究竟要了解哪些信息呢？如何了解？如何利用这些信息？下面回答这些问题。

营销的目的就是刺激消费者的购买行为，而客户洞察是消费者是否购买非常关键的一步，我们借助图 3-2 中的消费者购买模型进行解释。

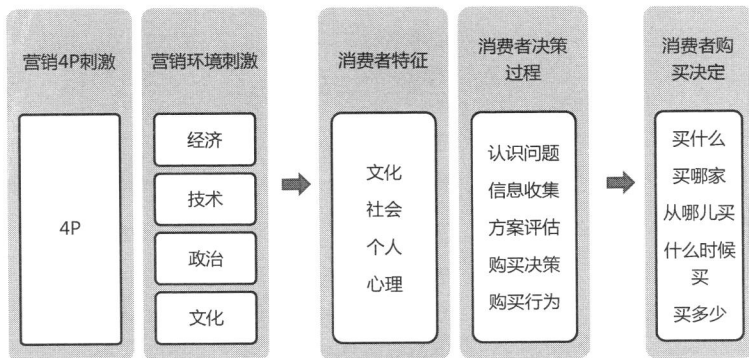

图 3-2　消费者购买模型

消费者在做出购买决定时，会受到营销 4P（产品、价格、渠道和促销）的刺激和营销环境的刺激。在这些刺激中，4P 是营销人员可以控制的因素，但也受到企业自身资源的制约。营销人员可以通过对周围环境的分析，即营销环境分析，对消费者可能遇到的刺激有更好的理解，从而可以尽可能准确地预测消费者的购买决定。

但营销人员无法看到消费者内心是如何做出购买决定的，甚至如果消费者不仔细识别每个影响因素，并细细体会自己的感受和观察自己的决策过程的话，消费者自己也经常不清楚是什么因素影响了他们的购买决定，以及如何影响的。幸运的是，我们知道消费者在接受营销 4P 和营销环境的刺激后，这些刺激信息会经过三个选择性（注意、曲解和记忆），而这三个选择性会因消费者的文化（受到消费者身处文化环境的影响）、社会（受到消费者身边社会关系的影响）、个人（受到个人特征的影响）、心理（受到不同心理状态的影响）特征的不同而导致结果有所差异。

消费者对刺激不同的反应，又影响着消费者购买决策过程的选择，这些选择最终体现在营销人员可以观察到的消费者购买决定上。因此，营销人员需要不断了解无法观察的消费者特征和消费者决策过程与可以观察到的营销 4P 刺激和营销环境刺激之间的联系，然后通过这些理解制定营销战略，制订营销计划。

案例 3.1　短视频和直播发力——金融机构谋获客新变局

$　案例背景

2020 年，是短视频、直播腾飞的一年。随着抖音、快手、微信扩大视频号知名度，短视频热度飙升，辐射范围趋广，吸引越来越多的 B 端市场机构涌入。淘宝直播、京东直播的鹊起，让零售商品以更鲜活的形式进入大众视野，带动消费支付再度释放新潜能。

"短视频、直播+电商"成功开创出一条突破原有盈利模式的新渠道。同样，越来越多的传统 B 端厂商试图借助新渠道直达 C 端用户、提高获客效率，甚至连金融机构也开始跃跃欲试。

根据"一本财经"消息，在抖音数据分析工具"抖查查"平台上，财经相关账号超过 300 万个，金融相关账号超过 200 万个，银行相关账号超过 400 万个，理财相关账号超过 600 万个。业内人士保守估计，约有至少 100 万个专业金融账号入驻抖音。可以看出，在上述门类中，一部分是视频性质相对更靠近 C 端用户的知识分享类内容，比如传授一些财经知识、教用户做理财规划及识别理财骗局等，另一部分是借各种热门话题着力打造企业品牌形象的内容。

比起短视频的细水长流，直播的效果要来得更猛烈些。金融机构搭直播便车的方式通常有两种。

第一种是普通直播电商模式，即入驻头部主播的直播间，借主播的超人气、好口碑和吆喝声，来达到推广、销售产品及活动宣传的目的。典型的有，2020 年 5 月

17 日，李佳琦在进行零食节主题淘宝直播期间，穿插招商银行"掌上生活"锦鲤节活动宣传，大约有 3154 万人次观看；2020 年 6 月 2 日，罗永浩直播"银联 62 节"闪购市场，全场成交额突破 1170 万元。淘宝直播广告如图 3-3 所示。

图 3-3　淘宝直播广告

第二种是专业垂直模式，即由金融机构内部研究人士亲自上阵做直播，讲解投资干货。这种模式的好处是，专业人士在推荐产品的同时，还能根据屏幕互动给予用户一些指导建议。

案例分析

如同上文所讲，营销人员需要不断了解消费者特征、消费者决策过程和营销环境刺激、营销 4P 刺激之间的联系，然后通过这些理解制定战略、战术，制订营销计划。

例如，金融机构的抖音号会根据用户定位的不同，而显现出不同的风格。"中国建设银行"视频内容风格稳重，热衷介绍银行新业务、新设备；"招商银行"视频多以美女、帅哥来吸引年轻人，有"银行小姐姐的一天""招招子去'浪'啦"等热点视频，具有年轻化、娱乐化的特性；"网商银行"则另辟蹊径，视频侧重讲述小微商户、创业者背后的故事。

两种直播模式——普通直播电商模式和专业垂直模式，也会因为用户的类型的不同而不同。像招商银行、银联云闪付瞄准的用户都是年轻群体，因此会通过李佳琦、罗永浩等网红进行直播销售；而像头部基金公司的定位是有钱的中产阶级，因此会通过研究院、投资专家上阵，讲解投资干货，拉近与用户的距离，进行深入的客户洞察。

综上所述，在客户洞察中，营销人员需要了解以下信息，并基于这些信息找到目标客户。

- 如何准确把握大趋势，发现新机会？
- 营销以外的因素是如何对客户的行为产生影响的？
- 人类有哪些先天或者后天习得的无法抗拒的需求？

有了这些客户洞察，营销人员就可以有针对性地利用产品、价格、渠道和促销这四个营销因素对客户施加影响，并在事后观察客户是否产生了期待，即客户是否在营销人员预期的时间和地点买了其预期的产品，达到了预期的数量，并基于这些反馈明确产品、价格、渠道和促销对下一次的营销活动的影响。

3.2 如何准确把握大趋势，发现新机会

营销环境一直是机遇与危机并存的，它不断用新机遇诱惑我们进入市场，同时产生新危机摧毁我们的信心，所以一个企业在进入市场时（进入市场后），应该观察和适应环境，这对企业的成败至关重要。营销人员应该通过观察宏观营销环境发现下面结果。

- 辨认有历史意义的大趋势。
- 追踪趋势和寻找机会。
- 识别环境中尚未被满足的需要和趋势。

在识别趋势时，企业需要区分流行、趋势和大趋势。菲利普·科特勒对流行、趋势和大趋势的定义如下。

- 流行：不可预测的，短暂的，没有社会、经济及政治意义的。
- 趋势：反映了未来不确定的情况，有较多的预测性和连续性，可以在几个市场领域和消费者活动中观察到，并与同时发生或出现的某些重要指标相一致。
- 大趋势：社会、经济、政治和技术的大变化，它的形成是缓慢的，但一旦形成，将影响 7～10 年，甚至更长时间。例如，互联网时代，经济全球化，等等。

基于上述定义，一个希望基业长青的企业通常希望与趋势、大趋势相吻合。若要及时发现趋势或大趋势，企业应该对宏观营销环境进行分析和持续监控。宏观营销环境影响因素如图 3-4 所示。

```
┌─────────────────────────┐
│ 宏观营销环境影响因素     │
│                         │
│ • 人口统计              │
│ • 经济因素              │
│ • 社会文化              │
│ • 技术因素              │
│ • 政治                  │
│ • 自然                  │
│                         │
└─────────────────────────┘
```

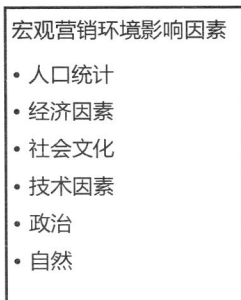

图 3-4　宏观营销环境影响因素

　　人口环境等于人加上由人组成的市场。当人口变化时，由人组成的市场也会发生变化。企业应该认清人口变化的主要趋势，并弄清这些变化对企业的影响，以及它们应采取什么行动。例如，有人预测 2025 年中国将迎来人口负增长的拐点，这意味着未来中国的劳动力，尤其是青壮年劳动力供应将大大减少，养老保险的缴纳者将严重不足，从生产到消费、从就业到养老都会面临很大的挑战。中国政府早在 2014 年就提出了新常态下经济模式，以此应对人口变化带来的大趋势的变化，因为中国政府明白人口统计上的变化趋势就短期和中期而言是极为稳定的。

　　对应企业，我们同样需要研究和密切关注人口变化，可以通过下面几个问题去研究和分析。

- 人口增长的趋势将如何变化？例如，人口红利将如何变化？需要注意的是，人口增长不一定导致市场扩大，除非增长的人口有购买力。
- 人口密度的趋势将如何变化？
- 人口将向哪里迁移？例如，从城市到农村，还是从农村到城市？国与国之间、地域与地域之间、城市之间，因为人们居住的地区不同，生活习惯会不同，从而导致购买行为的不同。
- 年龄结构变化的趋势如何？例如，中国未来人口老龄化会越来越严重。
- 客户群体组成的多样化将如何变化？例如，国家或地区是否有越来越多的民族聚集在一起？
- 家庭类型将如何变化？大部分家庭将有几个孩子？是父母都工作的家庭居多，还是一个人工作的家庭居多？离婚的家庭变化趋势如何？独身、与一个异性或者同性成年人一起生活、单亲家庭、丁克家庭、空巢家庭类型的比例会如何变化？
- 教育水平将如何变化？这将影响人们的购买方式和购买的产品。
- 是否从大众市场向微观市场转变？比如健康群体市场和残疾人群市场。

市场是由人和购买力组成的。经济因素指的是那些影响购买力和购买方式的因素。企业研究经济因素就是为了弄清楚目标市场的大小。主要的经济因素有收入分配形式（这决定了财富是在小部分人手里还是大部分人手里，即企业的客户在哪里，购买力如何）、生活成本（购买力如何）、利率（购买力和购买行为）、储蓄（购买力和购买行为）、借贷方式（购买力和购买行为）、客户关注价值还是无节制购物（购买行为）。

社会文化指的是人类核心价值观、非核心价值观及主流文化。核心价值观，如信仰结婚生子有很高的持久度，营销人员难以改变。非核心价值观，如信仰早结婚、早生子或者晚婚晚育，这是可以改变的，也是营销人员可以利用的地方。主流文化包含人对自己的态度，如人们愿意购买那些符合自我评价的产品和服务，这也是矩阵营销理论推崇价值观营销的原因；人对他人的态度，如网络技术改变了人们了解、讨论购买产品的方式，这就是矩阵营销理论倡导横向营销的原因；人对组织的态度，如有人把工作看成赚钱的工具，而不是满意的来源，这就是矩阵营销理论建议企业重视对内营销的原因；人对自然的态度，即人类应该与自然和谐相处还是控制自然，这就是矩阵营销理论建议企业重视可持续营销的原因。总之，社会文化会对人们的想法和消费观念产生强烈影响，它能影响人们的基本信仰、价值观念、喜好、生活准则。营销人员应该推广符合社会价值观的产品，利用主流文化进行营销。

技术因素是构成人们现在生活非常重要的因素，技术给人们带来许多奇迹和噩梦。企业的营销人员需要关注的点有：技术变化的趋势，创新的机会，时刻变化着的研究与开发项目，由技术变化带来的不断出台的政府规定，新的营销手段，新的市场机会。企业的营销人员还需要经常问自己：我的产品是不是将被新产品替代？

政治对一个企业的影响比大多数人认为的重要得多，在中国更是如此。一个企业需要时刻关注相关法律及其变化，如开发新产品和制定营销战略时必须关注相关法律，承担社会责任时需要只做"正确的事"。企业应该遵守法律对业务活动的规定，并与各种特殊利益集团和平共处。另外，企业对政策及时、正确的研读，往往可以发现新的市场和机会，如"十四五"规划提出的"着重内循环，打造双循环"的政策，将对中国经济社会产生深远的影响。

人类对自然环境恶化和资源匮乏的担忧日益严重。如今，任何一个企业，无论是否直接使用自然资源进行生产，都应该在营销工作中践行可持续发展的理念。这不仅是对子孙后代负责任的行为，也是未来企业能生存的必备条件。越来越多的客户愿意为"绿色"产品支付高价格，政府也加大了对自然资源管理的力度。

案例 3.2 青岛银行"5G+生态"，实现"一带一路"双循环

$ 案例背景

2020 年 7 月 8 日，伴随着"5G+生态"智慧银行旗舰支行设立（青岛银行"5G+生态"智慧银行见图 3-5），青岛银行在 5G 技术的支持下催生了金融服务新模式，成为该行数字化转型纵深推进的一个重要里程碑。这种新模式表现在四个方面。

图 3-5 青岛银行"5G+生态"智慧银行

- 业务更开放。厅堂客户体验到自助服务的智能金融能力。
- 场景更交互。从"微笑体验""智慧瀑布""海底世界""文化体验区"等诸多生动化、个性化互动中找到属于自己的金融配套产品。
- 服务更智能。实现山东省内首家网点 5G 网络的全覆盖，通过呼叫帮助、人脸识别、各业务端点与体验端点之间实现了智能对接，网点服务进入了"三无"境界：连接无感、服务无界、安防无忧。
- 体验更舒适。服务人员走出柜台与客户零距离互动交流，精准识别客户的需求，向客户移动式、零距离提供顾问式金融服务。

同时，青岛银行响应"十四五"规划提出的"着重内循环，打造双循环"的政策，基于建设"一带一路"双向桥头堡城市、助力青岛建设上合组织地方经贸合作示范区和打造金融服务国际合作新平台，青岛银行创造了多个首笔业务。

- 办理首笔企业境外（韩国）人民币贷款业务。与韩国韩亚银行合作，为青岛市一家科技企业办理了首笔企业境外（韩国）人民币贷款业务。
- 完成全国首笔中国-新加坡货币互换新元融资业务。青岛银行设立的自贸区支行成为山东省首批拥有自贸区专营机构的法人银行，并于 2019 年 9 月完成中国（山东）自由贸易试验区青岛片区全国首笔中国-新加坡货币互换新元融资业务。
- 完成首笔欧亚班列供应链金融业务。2019 年 11 月 15 日，青岛银行为山东陆

桥国际货运代理有限公司发放了一笔线上供应链贷款，帮助其线上实时支付"齐鲁号"欧亚班列发车的运费，这也标志着青岛银行完成"胶州上合示范区"首笔"一带一路"欧亚班列供应链金融业务。

- 实现山东首笔"坚戈"跨境汇款。2020 年 2 月 13 日，青岛银行为青岛中鸿重型机械有限公司办理了以哈萨克斯坦"坚戈"为结算货币的出口跨境收汇业务，这是山东省金融机构办理的首笔"坚戈"币种跨境贸易结算业务。

案例分析

政治对一个企业的影响比大多数人认为的重要得多。青岛银行就是基于建设"一带一路"双向桥头堡城市，以及"十四五"规划提出的"着重内循环，打造双循环"政策，立足于青岛经济，打造智慧银行，服务当地实体企业和客户；又打造金融服务国际合作新平台，与韩国、新加坡、哈萨克斯坦等国家合作，创造了多项首笔业务，开启了国际、国内双循环合作模式。

我们了解了影响宏观经济的因素后，可以用下面的步骤和工具准确把握大趋势，发现新机会。宏观营销分析三步法如图 3-6 所示，宏观经济分析表如表 3-1 所示。

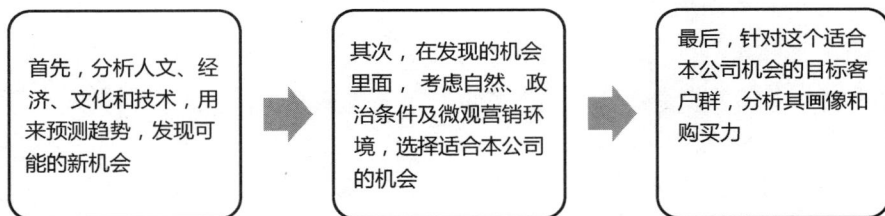

| 首先，分析人文、经济、文化和技术，用来预测趋势，发现可能的新机会 | → | 其次，在发现的机会里面，考虑自然、政治条件和微观营销环境，选择适合本公司的机会 | → | 最后，针对这个适合本公司机会的目标客户群，分析其画像和购买力 |

图 3-6　宏观营销分析三步法

表 3-1　宏观经济分析表

影 响 因 素	考 察 点	如何获得数据
人口统计：观察和预测目标市场的机会	人口数量	公开资料调研
	人口密度	
	所在地	
	年龄结构	
	性别	
	种族	
	职业	
	家庭	
	教育水平	
	多样化	

续表

影 响 因 素	考 察 点	如何获得数据
经济因素:分析目标市场的大小	收入分配形式	公开资料调研(若需要,可以进行市场调研)
	平均收入	
	生活成本	
	利率	
	储蓄	
	借贷方式	
	消费方式	
社会文化:消费趋势的变化	核心价值观	公开资料调研(若需要,可以进行市场调研)
	人的自我观	
	人的他人观	
	人的组织观	
	人的社会观	
	人的自然观	
	人的宇宙观	
技术因素:对产品、营销和新机会的影响	技术对企业产品的影响	公开资料调研,以及企业内部行业知识分享
	技术对企业营销手段的影响	
	技术对企业新市场机会的影响	
政治:从法律法规和与企业有关联的各种团体角度筛选分析的新机会中对本企业而言可行的机会	法律	公开资料调研
	政府机构的影响	
	制约各种企业和个体的利益集团	
	营销人员必须遵守法律对业务活动的规定,并与各种特殊利益集团和平共处	
自然:从资源的角度筛选分析的新机会中对本企业而言可行的机会	原材料	公开资料调研
	污染	
	政府对自然资源管理的力度	

3.3 消费者行为是如何被四类非营销因素影响的

消费者行为受到文化因素、社会因素、个人特征和个人心理四类非营销因素的影响,如图 3-7 所示。下面我们将一一介绍这些因素是如何影响消费者行为的。营销人员请记住,了解这些是为了在用 4P 设计营销活动时,通过这些洞察客户,并对你的客户施加你设计的影响,以达到你预期的目的,如曝光、互动、粉丝。

文化是人类需要和行为基本的决定因素。人类的"需要"都是一样的,但文化的不同决定了多样的"想要"。营销人员可以通过矩阵模式来研究文化对客户想要和行为的影响。首先,营销人员可以通过国籍、宗教、种族、地理区域和社会阶层等因素(可以单独使用或者组合这些因素)对客户分类,这是横向划分。然后,若有必要还可以继续研究每个群体在孩童和成长过程中受到什么样的文化影响、形成怎样的不同价值观，以便进一步纵向划分。人类的文化受到国籍、宗教、种族、地理区域、社会阶层、孩童及成长经历的影响，因其不同而不同。

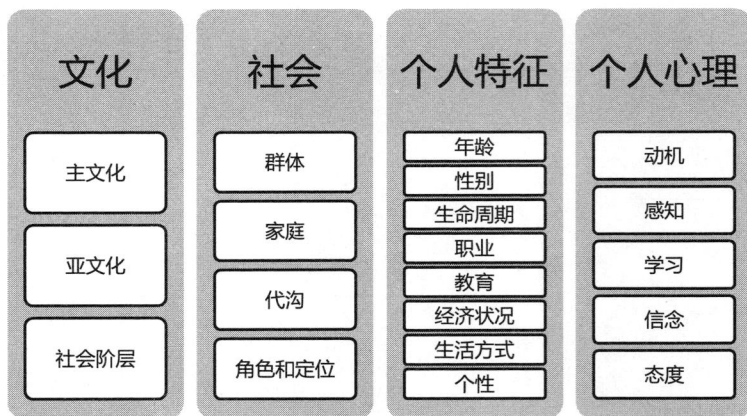

文化	社会	个人特征	个人心理
主文化	群体	年龄	动机
亚文化	家庭	性别	感知
社会阶层	代沟	生命周期	学习
	角色和定位	职业	信念
		教育	态度
		经济状况	
		生活方式	
		个性	

图 3-7　四类非营销因素

人是社会性动物，无法独自在这个世界上生存，所以其行为必然受到自身在这个社会中扮演的角色和当下地位的影响，也会受到其周围相关人员的影响。例如，一个女性可以既是妈妈的角色（在家庭中），又是品牌经理的角色（在工作中），而不同角色使其对"美"这个需要产生不同的想要：在家里穿休闲服，在工作中穿职业装。一个人的社会地位也影响着他的行为。例如，通常总经理在人们心目中的样子是坐奔驰、穿西服。人不仅被自己的角色和社会地位所影响，随着科技的进步，还越来越多地受到身边人的影响。这些因素包括家庭、朋友、邻居、同事、宗教、贸易协会、名人、红人等。这些因素受到人的行为、生活方式、个人态度、自我概念和趋于一致的压力等的影响。例如，口碑营销、网红经济、KOL（关键意见领袖）就是在利用他人的影响力进行营销。营销人员应该如何利用这些信息呢？

- 营销人员需要识别能对他们的目标客户产生影响的群体。
- 想办法去接触和影响这个群体中的意见领袖。
- 识别并掌握与 KOL 有关的一些人文和心理特征，确定他们关注的新闻媒体，并直接向 KOL 传递信息。

案例 3.3　多元创新金融服务描绘新农村宏图

💲 案例背景

随着全面深化改革和促进农村经济可持续发展的推进，党中央在 2017 年把"乡村振兴"上升为国家战略，把农村发展作为国家发展的核心和关键问题，纳入全局性、长远性、前瞻性的国家总体布局。其中，尤其值得注意的是农村金融的发展。

回顾农村改革的历史，尤其是在改革开放初期开展的"三自一包"，如包产到户，赋予农民较大的经济自由，很快实现了农业生产的大幅度增长，但原来构想的"统分结合的双层经营体制"一直没有真正落实。20世纪90年代以后，原有政策的潜力几乎释放殆尽，使得"三农"问题空前突出。因此，需要通过创新方式解决问题，将组织创新和技术创新相融合。

首先是组织创新。全国首家三位一体合作组织——瑞安农村合作协会（浙南农村合作中心），于2005年在浙江瑞安筹建，如图3-8所示。此后，瑞安农村合作协会，会同省市的合作组织、金融机构、学术单位和支援团队，共同发起、组建了中国信合联盟。中国信合联盟是三位一体合作组织的枢纽平台，已在十几个省市开展基层试点和推广，运营重点是各种产品的联购联销、代销代购，缩短流通环节，维护生产者和消费者的权益，确保质量安全可追溯、可问责。

图 3-8 全国首家三位一体合作组织——瑞安农村合作协会

其次是技术创新。"村村通"工程的普及，以及大数据、信息技术、移动互联网和区块链技术的发展，可以极大降低三位一体合作组织的组织成本和管理成本，实现分布式管理。但相应的技术落地需结合农村实际的应用场景，在这方面，为快递员提供信息通知服务的快递员服务平台——云喇叭能体现其独特的价值。作为服务超过75万名快递员的信息技术服务平台，云喇叭积累了大量农村快递员的信息，对这一群体及他们服务的农村人群的特点有着深入分析。

如同上面所说，消费者行为受到文化因素、社会因素、个人特征和个人心理四类非营销因素的影响。云喇叭平台因为服务农村快递员群体，因此可以从社会因素、个人特征等方面描绘出这个群体的画像：15%的农村人没有智能手机，3%~5%的农村人不识字、听不懂普通话，并且他们没有线上支付账号、缺乏金融数据知识，普遍遵循熟人经济习惯，但这些人都有信贷需求和农产品推广需求。在这样的背景下，将农村快递员发展成为基层信贷员，以相应的技术创新赋予乡村"熟人"一系列新的技能，如乡村需求调研、信贷服务等，就是农村信贷业务的探索方向。

新农村金融的发展需要结合组织创新、技术创新，而相应的金融服务要以需求为导向，相关人士认真分析文化因素、社会因素、个人特征和个人心理等对营销和产品的影响，才能在这片蓝海上做创新的开拓者。

消费者决策也受个人特征的影响，这些特征包含年龄、生命周期、职业、经济环境、生活方式、个性及自我概念等。例如，不同年龄的消费者，购买的东西是不同的。另外，不同年龄的消费者在不同的生命周期（结婚、怀孕、离婚、子女上学和退休），购买的东西也是不同的。大部分单身的人的特征是年轻、不住在家里、几乎没有经济负担，他们往往是新概念的带头人，热衷于购买汽车、模型游戏设备、度假，所以有些生产厂商往往把其主要目标客户群圈定为单身一族。而与此相反，大多数年长夫妇的特征是无子女同住、已退休、收入锐减、赋闲在家，他们通常更多购买医疗器械和医疗保健产品。

经济状况是由可花费的收入、收入水平、稳定性、花费的时间、储蓄和资产、流动资产比率、债务、借款能力、对花费和储蓄的态度、利率的趋势等因素综合决定的。当经济衰退时，营销人员应该从新产品设计、定位、定价方面做出改进，以继续吸引目标客户。生活方式主要通过活动（工作、爱好、购物、运动和社交）、兴趣（食物、时尚、家庭和娱乐）、观点（自我、社会实践、商业和产品）对消费者的行为产生影响。营销人员要研究他们的产品与具有不同生活方式的各群体之间的相互关系。然而，了解一个群体的生活方式并不是一件容易的事情，心理图案学（Psychographics）是对消费者衡量和分类的科学方法。非常普及的分类方法的框架是斯坦福咨询研究所（SRI Consulting business intelligence, SRIC-BI）的价值观念和生活方式结构。

消费者心理因素通过动机、感知/认知、学习、信仰和态度影响他们的行为。人类有多种无法抗拒的动机（需要，下节会重点介绍），人们通过五种感官接收环境中的信息，通过选择性注意、选择性曲解和选择性记忆的认知方式进行学习，通过学习和实践获得自己的信念，反过来这些信念又影响人们的购买行为。消费者对购买的东西形成自己的态度，而态度是很难被改变的（企业应该将自己的产品同消费者的态度相契合，而不是试图改变消费者的态度）。营销人员应该通过把学习与强烈驱动力联系起来，运用刺激性暗示和提供积极强化等手段来建立消费者对产品的需求，如橱窗、促销、口碑等。信念组成了产品和品牌形象的一部分，营销人员利用信念形成过程中的联系机制，建立消费者对自己产品和品牌的正面信念。例如，一个广告着重强调一个差异点，在效果上比每个差异点都强调的广告更令人印象深刻，也不会导致其他差异点被消费者忽视，因为消费者会联想起来其他差异点。

3.4　人类无法抗拒的多种需求

营销人员应该了解一下人类需求的本质，这些本质可以让他们找到千变万化的客户购买行为背后的规律，这些规律可以指导他们的营销思路。

精神分析学家希勒说过："人类对于世界、行动、实验有着与生俱来的兴趣。当他们在世界中勇敢地前进时，他们得到了深切的满足感，他们并不感到现实对于生存是个威胁。有机体，特别是人体对于世界抱有与生俱来的安全感。只有在特殊情况下才会产生威胁和匮乏。即使在这种情况下，有机体也感觉困难和危险是暂时的，最终会形成一个与世界沟通的新的安全保障。"

这段话告诉我们，人类的两种天性是安全感和追求。安全感让我们活下来，追求让我们活得更好。因此，营销人员对人类所有需求的研究的起点就应该是安全感和追求，几乎所有的人类行为背后的动机都是安全感和追求。但知道这一点并不够，因为安全感和追求的天性并不能把我们的产品和服务跟客户购买行为直接联系起来，我们需要更具体的需求分类。

案例 3.4　美国早期信用卡欺诈案件

$ 案例背景

美国是信用卡的发源地，世界上第一张信用卡在美国诞生。随着信用卡发卡量剧增，美国许多地方出现了信用卡欺诈案件，给美国银行卡业务带来了负面影响。

信用卡欺诈造成的损失是发卡机构的主要成本问题之一。信用卡欺诈通过多种方式实施，主要有客户丢失和不法分子盗窃信用卡，后来还延伸出复制账单等手段。仅在 1973 年，美国因欺诈造成的信用卡损失约为 2.88 亿美元，占信用卡销售总额的 1.15%。

20 世纪 60 年代末，美国信用卡盗窃仍以个人为主，被盗信用卡售价约为每张 200 美元；随着被盗卡量的增加，1969 年在美国大部分主要城市，被盗卡每张售价降至 100 美元；到了 1971 年，被盗卡售价进一步降价 10 美元。美国早期信用卡欺诈如图 3-9 所示。

图 3-9　美国早期信用卡欺诈

在黑市上，最有价值的信用卡是航空旅行卡，通常每张售价为 100～200 美元，约为其他卡的两倍。航空旅行卡的高溢价，主要是因为航空公司没有发出警告或被盗卡名单。20 世纪 70 年代早期，国际航空运输协会安全和欺诈保护主任估计，被盗信用卡和机票每年造成航空公司损失约 2000 万美元。

此外，石油公司的信用卡也有很高的市场价值，通常每张售价为 50～100 美元。BankAmericard 和 Master Charge 信用卡售价为 50～75 美元，大莱卡售价为 40～60 美元，美国运通卡售价为 30～50 美元，Carte Blanche 卡售价为 20～30 美元。价格的差异反映了各发卡机构的安全措施和处理被盗信用卡的效率，其中 Carte Blanche 卡的处理效率最高。

而且，盗窃信用卡并不是信用卡诈骗的唯一手段。20 世纪 70 年代早期，美国合法使用信用卡邮购的客户越来越多，不法分子便混入开通信用卡服务的零售商户处，从销售单上获得持卡人的姓名和信用卡号，再以邮购形式给邮寄公司发送临时寄货地址。20 世纪 60 年代，美国监狱里的一名囚犯就曾冒用他人信用卡邮购，将超过 2000 美元的商品送到监狱内。20 世纪 70 年代早期，一些不法商人模仿持卡人签名，复制有效的原始收费单，该操作也很难被发现。

　　从美国早期的信用卡欺诈案件中可以看出，信用卡欺诈反映了不法分子的贪婪和恐惧。有利可图的贪婪使得不法分子铤而走险，通过盗窃信用卡、模仿持卡人签名、复制有效的原始收费单等手段牟利。而恐惧则反映在不法分子对被抓风险的态度上，就像航空旅行卡为什么会出现高溢价？那是因为犯罪的成本比较低。

　　马斯洛需求理论把人类需求分为五种最基本的需求：生理、安全、社交、尊重、自我实现。前两者是缺失需要，后三者是生长需要，如图 3-10 所示。当我们的生理需求得到满足后，我们的恐惧感将减少或者消失，这时我们的精神需求，也就是更社会化的目标就开始占据主导地位，即欲望对应的基本需求开始主导我们的意识，这也是人类不断进步的动力。

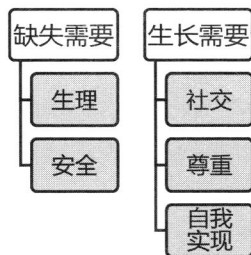

图 3-10　马斯洛需求理论

　　然而，这五种基本需求并不总是能让营销人员直接了解客户购买行为背后的真正动机（或需要），还需要更进一步的分类来指导营销人员日常的营销工作。这时，营销人员将面临历史上心理学研究人员曾经面对的一个问题——当细分不断进行下去时，客户需求的分类可以从 1 到 100 万甚至更多，多到营销人员没有规律可循，即没有做决策的依据。因此，营销人员需要在细分具体需求和高度抽象的需求之间找到一种有可行性的需求分类模型。

　　若要做到这一点，营销人员需要对人类基本的五种需求有更多的了解。

　　首先，需求是有层次的，但不是排他的。层次有时候表现为强弱程度的不同，但一个行为背后可能包含着多个需求。马斯洛在《生命的巅峰》中提道："无休止的需求是人的特性，一个被满足后，另一个会迅速出现并取代它的位置，当这个被满足了，还会有一个站到突出位置上来。人总是在希望着什么，这是贯穿他一生的特点。"这就是需求的层次性。营销人员了解了这一点，对于细分客户是有好处的，至少他们不会向还在为温饱奔波的人推销容易让人觉得有面子的宝马汽车。

需求的层次性并不代表人只有低一级的需求被完全满足后，才会产生高一级的需求。马斯洛就承认："几乎所有的生理需求，在其得到满足时，同时会对其他种种需求起着疏导作用。例如，一个认为自己饿了的人，实际上也许更多的是在寻求安慰或依赖，而不是蛋白质或维生素。反之，有可能通过其他活动，如喝水、抽烟等来部分满足饥饿感。也就是说，这些生理需求虽然是相对独立的，但并非彻底独立。很显然，这些生理需求在所有需求中占主导地位。具体地说，假如一个人在生活中的所有需求都没有得到满足，那么生理需求就最有可能成为他的主要动机，而不是其他需求。一个同时缺乏食物、安全、爱和尊重的人，对于食物的需求可能最为强烈。"这背后的原理是，这时候人所有的感觉和技能都被满足于饥饿这个需求，其他的需求就变弱甚至被屏蔽掉了。有时候，人的意识几乎完全被饥饿所控制。饥饿程度越严重，其他需求就越不明显。知道了这一点，人们就会明白为什么现代购物中心都是吃喝玩乐一站式服务了，在这里既有生存和安全需求被完全满足的消费者，也有还没有被完全满足的消费者。但消费者在购物中心消费的时候，他们都有一个共同点，即生存和安全的需求在当下不是主要需求，而可能是爱、尊重或者自我实现。

其次，每层需求都会对生理和心理产生影响。营销人员仅仅知道人类有五种基本需求是不够的，还需要研究这五种基本需求中哪些是人类与生俱来的、哪些是后天习得的，并且要找到可以满足的需求。例如，生存的需求可以是吃，安全的需求可以是灯，社交的需求可以是爱，尊重的需求可以表现为被有礼貌地对待，等等。不同的人在不同的环境中对需求的具体对应物是不同的。

最后，需求和欲望是不同的。人类有与生俱来的需求及后天习得的需求，需求对于人来讲都是一样的，但欲望因人而异。"欲望"受环境、心理、社会、文化、科技等多种因素的影响，如衣服、汽车、友谊、交际、赞扬、名誉及类似物都是想要，背后的需求就是生理、安全、社交、尊重、自我实现这五类的组合。欲望是需求的表现形式，欲望是千变万化的，而需求是亘古不变的。例如，大家都有安全的需求，有的人想要别人爱他才有安全感，有的人想要大量存款才有安全感，有的人想要每天看书、学习新知识才能增加安全感，等等。欲望是需求有意识的表现形式。换句话说，欲望是有意识的，需求是无意识的。我们可以意识到自己饿了，然后就想要吃东西，但这背后的需求就是生存。如果我们不刻意去想就无法意识到，我们吃东西的行为实际上是想要生存的需求带来的结果。营销人员应该明白，客户买了什么通常代表他想要什么（行为），这时营销人员应该进一步弄清楚客户购买背后的需求是什么（动机）。这个需求是如何被环境和达到目的的可能性（买得起，买得到，值得买）影响使客户做出这样的购买行为的（欲望）。这样，营销人员才能更好地服务客户，更好地确定竞争对手，更准确地找到自己在市场中的定位。也就是说，营销人员研究客户买了什么意义不大，但是研究买这个东西背后的真正动机是很重要的。只有了解了背后的真正动机，营销人员才可能有更多的创意（用不同的产品、服务、价格、渠道、促销）更好地满足客户的需求。

事实上，对于大多数人来说，当其全部基本需求都能部分得到满足时，生命才有意义，才有自我实现的基础。了解了这一点，营销人员就可以预测到，随着经济的不断进步，越来越多的人会把自我实现作为最主要的需求，即"自我实现"将主导人的意识。营销人员的产品和服务越能帮助客户自我实现，营销就越容易成功。但需要注意的是，自我实现具体的表现形式也会因人而异，这才能造就广泛的市场需求。

按照马斯洛的假设："正是那些某种需求一直得到满足的人最能忍受将来这种需求的匮乏，而过去一直被剥夺了这种需求的人对于目前需求满足的反应则与他们不同。"因此，营销人员在选择目标客户时，可以选择对产品和服务的需求最迫切的人群。

案例 3.5　马来西亚支付行业群雄逐鹿

💲 案例背景

马来西亚是一个中等富裕国家，人口约 3100 万，2018 年 GDP 总和达 3543.48 亿美元，人均 GDP 约合 11239 美元。马来西亚都市区域电信网络庞大，互联网普及率高。而且，马来西亚的支付市场至今尚未出现"一家独大"的垄断或寡头局面，竞争不太激烈，适合熟悉当地情况、具备特色和优势的企业进入。

马来西亚本土电子钱包 FavePay 于 2018 年推出，主攻线下支付，聚集了 Visa、万事达卡和美国运通等信用卡和借记卡的多种付款选项，在付款时为用户提供折扣和返现，已在东南亚 3 个国家、10 多座城市实施。

GrabPay 源于新加坡和马来西亚两地开发的 Grab 叫车软件，是马来西亚电子钱包中的一支生力军，风靡东南亚。马来西亚 GrabPay 电子钱包如图 3-11 所示。

Touch'n Go 可在新加坡和马来西亚两地通用，正从跨境通勤向其他消费场景延展。

EasyPay 可以跨境汇款和货币兑换，2018 年上线，采用二维码扫描方式，帮助马来西亚中小企业在 24 小时内完成对中国企业的支付。

图 3-11　马来西亚 GrabPay 电子钱包

美国独角兽企业 Stripe 于 2019 年 10 月进入马来西亚，推出一系列产品线，帮助上万家企业发展国内外在线业务。

英国货币转账公司 TransferWise 于 2019 年 6 月获颁马来西亚汇款牌照，以万事达卡多币种卡为媒介，便于用户在 40 多种货币间转换和转账，并使用借记卡在 150 多个国家进行支付。

Boost 隶属于马来西亚电信集团 Axia，2018 年起支持银联二维码支付，银联则成为马来西亚首个为本地用户提供移动支付服务的国际卡品牌。

微信支付 2017 年同丰隆银行（Hong Leong Bank）正式结为伙伴关系，2018 年获颁马来西亚第三方支付牌照。用户银行账号绑定微信支付的，可使用林吉特支付商品和服务。马来西亚华人比例高达 20.64%，微信支付本土化便于马来西亚华人接入人民币支付系统，加强他们同中国间的经贸联系。

支付宝同马来西亚银行合作，实现中国游客在当地支付人民币和马来西亚居民在中国使用人民币。支付宝还开发了区块链跨境汇款业务，服务在马来西亚生活的巴基斯坦人。

案例分析

从上述马来西亚支付业的自由竞争态势来看，不同支付供应商所瞄准的用户欲望是不一样的。

其中，FavePay 为用户提供折扣和返现，瞄准的是 C 端用户省钱的欲望；Touch'n Go 瞄准的是商务用户跨境通勤的欲望；美国独角兽企业 Stripe 帮助马来西亚上万家企业发展国内外在线业务，解决 B 端用户想要的安全性；英国货币转账公司 TransferWise 瞄准的是 C 端用户货币间转换和转账的欲望；支付宝和微信支付则是瞄准马来西亚华人和中国游客的支付欲望。

C端用户和B端用户有不同层次和侧重的需求，商家只需要瞄准某一种需求，即可在某一个细分市场领域占有一席之地。因此，无论各企业的商业模式是什么，其目的都是满足客户的某种需求。

下面我们具体分析马斯洛的五种基本需求，从而找到一个合适的平衡点——既不会太抽象使营销人员不知道具体营销工作，又不会太具体失去可操作性。

1. 生理

马斯洛说过，虽然生理需求没有等级之分，但它是有相对之分的。一种状态，对于某些人是满足的，但对于其他人是远远不够的，这要取决于生理的欲望。一般来说，只要满足了最基本的生理需求，一般的人都能生存，但一般的人都不会满足于这种需求的满足。只有这样，人类才会发展。例如，当一个人很饿的时候，他的注意力会让他更集中于食物，所以他比其他时候更容易发现食物，而不是思考一个问题；他的记忆会让他比其他时候更容易回忆起曾经吃过的美食；他的情绪会比不饿的时候更紧张、激动。换句话说，当一个人感到非常饥饿时，他被饥饿所控制，他变成一个不同于其他时候的人。当他吃饱后，他并不会感到想吃东西的需求完全被满足，而是开始想吃更美味的食物。这样，人类才能有各种各样的美食，餐饮业才能有如今这样百花齐放的局面。

人类与生俱来的和后天习得的需求中的"吃""追求舒适""物美价廉""享受生活""延长寿命"都是和生理这个最基本需求相关联的需求。只是它们的程度不同，从追求活着到追求活得更好。通过这个细分的需求，营销人员可以在一个可操作的程度对不同的产品进行可行性营销活动。例如，中国有一句古语叫作"吃什么补什么"，这背后实际上是有科学依据的。现代研究发现，如果人类身体缺乏某种化学物质，人就会趋向于去寻找有这种成分的食物，并对这些食物产生偏好。这就是为什么很多抑郁的人喜欢吃含糖的食物，因为糖带给他舒适感。这也是为什么许多食品都与糖有关，如冰激凌、蛋糕、巧克力、饮料等。

2. 安全

在生理需求得到充分满足后，人类对安全的需求就出现了。人类的安全感主要来自有组织、有结构，即可以预测，人类天生对未知且不可控的事物感到不安。人类与生俱来的和后天习得的需求中的"免于危险""免受恐吓""不受痛苦""可靠""求知""好奇心""便捷""效率""干净"都是和安全这个需求相关联的需求。"求知""好奇心"可以让人有保护好自己的实力，"可靠""便捷""效率""干净"可以满足人对稳定、依赖的需求，使其远离焦虑和混乱的折磨。人类的安全感还体现在对体制、秩序、法律、界限的需求，而这正是如保险、保镖、麻药、教育、文学、高铁等存在的理由。

3. 社交

在生理和安全需求得到充分满足后，爱、感情和归属的需求就会成为人类的新需求。人会强烈地感到需要家庭、朋友、爱人，也就是说，人不仅满足于可以生存和有安全感，在这个基础上开始渴望同别人有一种充满感情的关系，渴望在团体和家庭中有自己的位置，这将影响人们的消费需求和购买选择。微信、Facebook 成功的背后就是这种社交的需求，许多以病毒式传播的营销活动就是在利用这种需求的力量。随着社会的流动性不断加强，传统团体将渐渐退出历史舞台，离婚率的不断上升、 一直存在的代沟、愈演愈烈的城市化建设及逐渐消失的乡村式的亲密，还有越来越珍贵的深厚的友谊，都加剧了人们对接触、亲密、归属的无法满足的渴望，以及对战胜广为蔓延的异化感、孤独感、疏离感的需求。这使得许多产品越来越重视社交性，越来越多的营销活动通过横向营销取得了成功。这些营销活动利用邻里、乡土、族系、同类、同阶层、同伙、熟人、同事等种种关系扩大营销效果。因为这些营销活动的策划者都深深了解人类想要加入团体、想要有所归属的本能，这就是在科技让人与人之间的沟通更简单的今天，横向营销越来越重要的原因。

除了爱、感情和归属的需求，"美""爱屋及乌"这两种与生俱来的或者后天习得的需求也属于社交需求衍生出来的更具体的需求，该需求在大量的产品和服务中被广泛使用。例如，许多老年人和孩子所使用的产品的营销都在利用人们爱屋及乌的心理。

4. 尊重

几乎每个人都需要被尊重，即需要一种对他们而言稳定且牢固的高度评价，它可以被进一步分解为对于自尊、自重和来自他人的尊重的需求。如果营销人员的产品或者服务可以让人们感觉自己有实力（用奢侈品）、成就（开豪车）、高贵和修养（听音乐会）、优势（头等舱）、地位（专家的头衔）、荣誉和声望（证书）、自由（读书），就更容易成功。

"与人攀比""社会认同""赚钱"也是营销人员在促销时，经常用到的刺激人们消费行为的手段。

5. 自我实现

"自我实现"可以归入人对于自我发挥和完成的欲望，是一种使它的潜力得以实现的倾向。这种倾向可以说是一个人越来越成为独特的个人，成为他所能够成为的那个人。换句话说，人必须忠实于自己的本性。人的本性是真善美，虽然每个人在不同的时期对自己能够成为什么样的人的认知不一定完全一样，但因为真善美的天性，人在自我实现中的具体选择都会是对人类和社会体现其自我价值的行为。著名心理学大师阿德勒说过，人类最大的幸福就是对社会有价值，这一点也被历史上无数的人证明过。

随着社会不断进步、经济快速发展，自我实现需求将在越来越多人的意识中占据统治地位，这已经在经济发达的国家和地区的人口统计中体现得比较明显。对于企业而言，这意味着危机和机会。如果企业可以使其价值观和利益相关方（供应商、渠道商、客户、股东等）的价值观保持一致，将赢得未来的营销之战，成为王者。但若还在专注于以客户需求为导向（先有需求，后有产品）的营销理念，甚至还固守以产品为导向（先生产出产品，后找市场需求）的营销理念，最终可能会被淘汰。

案例 3.6　跨境电商新风口成就首家外资银行卡清算机构

💲 案例背景

2020 年 6 月 13 日，中国人民银行会同中国银行保险监督管理委员会向"连通（杭州）技术服务有限公司"（以下简称"连通公司"）发放银行卡清算业务许可证，首家外资背景银行卡清算机构产生。

连通公司是美国运通（American Express）在我国境内设立的合资公司，它在境内的合作伙伴是连连支付。为什么美国运通会选择与连连支付合作？这要从"跨境电商"新风口说起。连连支付的跨境电商如图 3-12 所示。

图 3-12　连连支付的跨境电商

近年来，"跨境电商"成了网红新"风口"。基于国民消费升级、互联网技术普及、电子商务行业发展、支付渠道不断完善等多重因素，在国际贸易中扮演重要角色的跨境电商彰显出强劲的高增长态势。根据 iiMedia Research 数据，2019 年中国跨境电商交易规模达 10.8 万亿元，而 2020 年受全球新冠肺炎疫情的影响，市场呈轻微下滑态势，交易规模达 10.3 万亿元。

2020 年至今，国家层面接连发布相关利好政策。国家的大力支持，无疑是对行业发展最好的"背书"，这势必进一步优化跨境电商市场发展环境，吸引众多支付机构争夺红海市场，更重要的是其背后延伸出来的巨大产业链价值。

汇付天下是较早布局跨境支付业务的机构之一，其跨境及国际业务支付的交易量同比增长 148%，实现收入 3615.1 万元，同比增长 21%。

拉卡拉与跨境电商购销平台开展合作，专门针对中国中小卖家出口的场景打造全新的系统和产品，并开始为中小企业卖家提供"外币跨境 + 人民币跨境""快速收款+实时付款"的综合跨境支付解决方案。

相比较而言，其他各家支付机构都开始瞄准差异化布局、构筑各自壁垒。例如，随行付服务小微企业出海，Payoneer 专注行业顾问式服务，而连连支付则主打一站式跨境支付解决方案。

案例分析

为什么美国运通会选择与连连支付合作？因为连连支付主打一站式跨境支付解决方案，与美国运通的服务内容有相通之处，两者共同发现了商户对"便捷"的需求，提供跨境支付服务、为商户进行赋能等。这就是基于共同的"便捷"需求所形成的合作。

综上所述，我们可以对人类需求进行如表 3-2 所示的分析。

表 3-2　客户洞察模型

天　性	五种最基本的需求	具 体 需 求	表 现 形 式
安全感	生理	吃	米饭，蔬菜，山珍海味
		追求舒适	木板床，棕榈垫，席梦思
		物美价廉	养殖户直销的鸡蛋，早市上的鸡蛋，农贸市场的鸡蛋，超市打折的鸡蛋
		享受生活	旅游，音响
		延长寿命	健身房，保健品，医药
	安全	免于危险	安全带，防盗门
		免受恐吓	车的前挡风玻璃
		不受痛苦	止痛药，麻药，毒品
		可靠	99.99%的可靠率

天 性	五种最基本的需求	具 体 需 求	表 现 形 式
安全感	安全	求知	教育相关产业
		好奇心	新产品，新功能
		便捷	高铁
		效率	洗衣机
		干净	肥皂，洗衣粉，洗衣液
追求	社交	爱	玫瑰花，钻戒，婚礼
		感情	小说，恋爱培训，交友网站
		归属	圈子，社群
		美	化妆品，衣服，美景
		爱屋及乌	玩具，儿童用品，老年人用品
	尊重	有实力	奢侈品
		成就	豪车，豪宅
		高贵和修养	音乐会
		优势	头等舱
		地位	专家的头衔
		荣誉和声望	证书
		自由	读书
		与人攀比	游戏排名，学区房
		社会认同	竞选，慈善事业
		赚钱	工作，兼职，经商，彩票
	自我实现	成为自己想成为的人	实现社会价值

3.5 如何找到适合自己的目标客户

现在，营销人员从客户洞察中已经获得了许多有价值的信息，下面需要利用这些信息帮助企业取得成功。营销人员应该可以很好地回答 VBMM（以"懂"为导向的营销矩阵体系）中的第一个问题：你的客户是谁？

营销人员可以通过下面五个步骤找到适合自己的目标客户。请注意，目标客户前有一个定语：适合自己的。这包含两层含义：第一，没有企业可以服务好每一个客户，若营销人员选择将全部客户作为企业的目标客户，企业注定失败；第二，在营销人员能服务好的客户群体中，营销人员需要选择自己更愿意服务的客户。目标市场选择工具如图 3-13 所示。

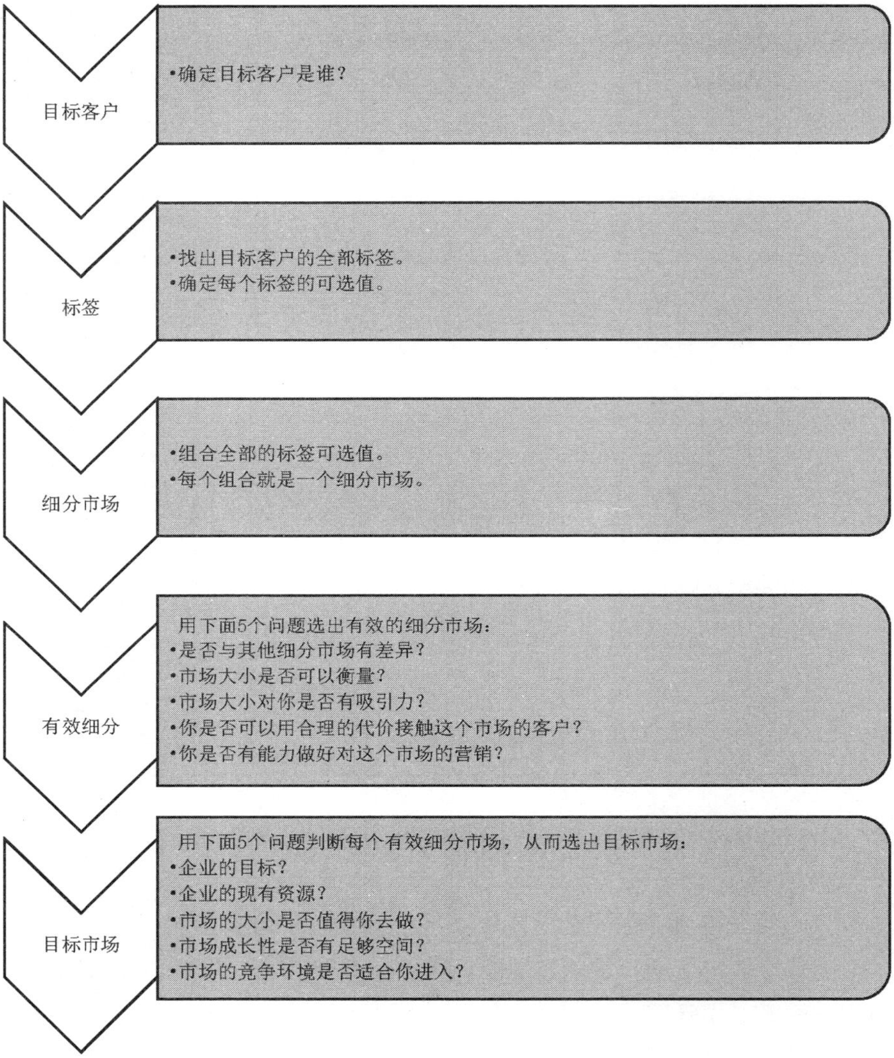

目标客户
- 确定目标客户是谁？

标签
- 找出目标客户的全部标签。
- 确定每个标签的可选值。

细分市场
- 组合全部的标签可选值。
- 每个组合就是一个细分市场。

有效细分

用下面5个问题选出有效的细分市场：
- 是否与其他细分市场有差异？
- 市场大小是否可以衡量？
- 市场大小对你是否有吸引力？
- 你是否可以用合理的代价接触这个市场的客户？
- 你是否有能力做好对这个市场的营销？

目标市场

用下面5个问题判断每个有效细分市场，从而选出目标市场：
- 企业的目标？
- 企业的现有资源？
- 市场的大小是否值得你去做？
- 市场成长性是否有足够空间？
- 市场的竞争环境是否适合你进入？

图 3-13　目标市场选择工具

第一步，通过对宏观营销环境的分析，营销人员已经清楚自己所处行业的大趋势，以及适合企业的新机会在哪儿，也就是营销人员已经知道目标客户是谁了。

第二步，通过对文化、社会、个人特征和个人心理因素的分析，营销人员可以知道自己应该选择这四个因素中的哪些因素来描绘目标客户，即目标客户应该贴上哪些标签，以及每个标签的可选值是什么。表 3-3 是信用卡选择用户使用的标签（如高价值消费品、过桥、年收入、年龄等）和对应的可选值（如手机、每月都需要、<1000 元、18 岁以下等）。

表 3-3　信用卡选择用户标签示例表

高价值消费品	过桥	年收入（元）	花销（元）	抗风险能力	年龄（岁）	性别	出生城市	生活城市	信用评分
手机	每月都需要	<1000	<1000	一个月没有收入	<18	男	1线	1线	≤16分
电脑	每季度需要	1000～3000	1000～3000	三个月没有收入	18～28	女	2～3线	2～3线	>16分
奢侈品服装	每半年需要	3001～5000	3001～5000	半年没有收入	29～38		4～6线	4～6线	
奢侈品箱包	每年需要	5001～10000	5001～10000	一年没有收入	39～48				
奢侈品手表	—	10001～20000	10001～20000	三年没有收入	49～58				
汽车	—	20001～50000	20001～50000	五年没有收入	59～68				
		50001～100000	50001～100000	—	>68				
		>100000	>100000	—					

第三步，组合全部的标签可选值。在表 3-3 中，高价值消费品有 6 个可选值，过桥需求有 4 个可选值，年收入有 8 个可选值，花销有 8 个可选值，抗风险能力有 6 个可选值，年龄有 7 个可选值，性别有 2 个可选值，出生城市有 3 个可选值，生活城市有 3 个可选值，信用评分有 2 个可选值，所以全部组合数=6×4×8×8×6×7×2×3×3×2=2322432 个不同的细分市场。这是一个无法操作的数字，代表着全部的市场，任何一个企业不可能也不应该试图去覆盖这些市场。在通常情况下，一个企业针对自己的情况，很容易缩小这个范围。例如，一个银行的信用卡针对自己的情况，希望覆盖的是高价值消费品的 6 个可选值，每月有过桥需要的，年收入在 10 万元以上，月花销在 5 万元以上，抗风险能力只有一个月没收入，年龄小于 38 岁，性别不限，出生城市不限，生活城市 1 线，信用评分大于 16 分。因此，这个银行可以细分的市场有=6×1×1×2×1×3×2×3×1×1=216 个，这个是可以管理过来的数字。

第四步，用下面五个问题选出有效的细分市场。例如，上述银行对这五个问题的答案都是"是"，那么这 216 个市场对银行来说都是有效的细分市场。

- 是否与其他细分市场有差异？
- 市场大小是否可以衡量？
- 市场大小对你是否有吸引力？
- 你是否可以用合理的代价接触这个市场的客户？
- 你是否有能力做好对这个市场的营销？

第五步，从这些有效细分市场中选择适合你的目标市场，也可以通过五个问题来判断。

- 企业的目标是什么？
- 企业的现有资源有哪些？
- 市场的大小是否值得你去做？
- 市场成长性是否有足够空间？
- 市场的竞争环境是否适合你进入？

上述银行认为 18 岁以下的市场无法完成其年度目标，18～28 岁的市场竞争过于激烈。该银行根据自己的现状（小银行且刚刚涉足信用卡业务）及现有的资源，将目标市场定位为喜欢买高价值消费品、年收入大于 10 万元、每月都有过桥需要、月消费在 10 万元以上、抗风险能力为小于一个月没有收入、年龄在 29～38 岁、生活在 1 线城市、信用评分大于 16 分的女性。因此，其目标市场=6×1×1×1×1×1×1×1×1=6 个。

到这里，营销人员已经非常清楚其目标市场在哪儿、目标客户是谁、有什么标签、市场大小、在哪里可以接触到目标客户，以及目标客户的生活方式、消费水平、收入水平、生命周期、性别、年龄、价值观等信息。下面营销人员需要思考的问题是，如何差异化地满足目标客户的需求，提供令其满意的产品和服务。

案例 3.7　久悬账户的优质客户挖掘

💰 案例背景

究竟是什么原因导致久悬账户呢？主要有四点：一是账户余额较少；二是客户变更或客户信息变更，银行无法通知客户销户；三是银行开户管理不严，银行偏重账户数量，忽视账户质量，开立了大量余额少、使用率低的账户；四是银行账户管理方式落后。

目前，银行界有一个共识，那就是客户信息、客户资源是银行的核心资产。因此，在处理久悬账户时，银行就要转变传统的"甩包袱""除障碍"的心理，从中挖掘优质客户，唤醒睡眠客户，这才是处理久悬账户的宗旨。因为挽留一名客户比发展一名新客户的成本更低，所以银行需要从客户角度探明久悬账户出现的原因，推出适合的服务和项目以挽留和激发客户用卡欲望。

案例分析

在上述案例中，银行从久悬账户中挖掘优质客户就是寻找目标客户的过程。总体来说，银行可以采用以下三步来挖掘优质客户。

第一，在日常性清理久悬账户前，银行最好主动提示客户，给予客户一定的缓冲期。

第二，如果银行要清理的久悬账户数量比较多，那么在给予客户事前提示（短信、微信、电子邮件）的同时，建议银行及时发布"关于清理个人长期不动户的公告"。发布渠道一定要线下、线上全覆盖，公布内容应该包括（但不限于）清理账户范围、清理账户时间、公告期限，以及特别提示等。

第三，银行要强调清理久悬账户的目的是唤醒客户，激发客户继续使用本行服务，重新审视本行面貌，进而产生好感，发展密切关系。

总体来说，银行需要建立健全和采用客户身份识别支付体系，遵循"了解你的客户"的原则，针对具有不同融资风险特征的客户、业务关系或者交易，采取相应的措施，了解客户及其交易目的和交易性质，了解实际控制客户的自然人和交易的实际受益人。这样可以最大限度地挽留客户，激发他们使用本行服务，提高本行效益。

第4章

差异化战略

本章内容

- ❑ 竞争战略决策
- ❑ 差异化战略决策

本章案例

- ❑ 案例 4.1　拉卡拉的战略进化之路
- ❑ 案例 4.2　央行数字货币加速金融交易系统的多元化发展
- ❑ 案例 4.3　恒大集团与通联支付联手打造"恒房通"
- ❑ 案例 4.4　美国 Privacy 虚拟信用卡的产品定位
- ❑ 案例 4.5　新冠肺炎疫情下美国首家银行破产会引发金融危机吗
- ❑ 案例 4.6　借助金融社保一卡通，滨州市推动人社政务进村居

差异化是指你有他无且能满足客户需要的点。营销人员需要基于竞争对手、客户和自身三方的情况，制定自己的差异化战略。通常有三种战略：我有人无，人有我强，或者在"人有我无"中寻找新的差异点。差异化战略框架如图 4-1 所示。

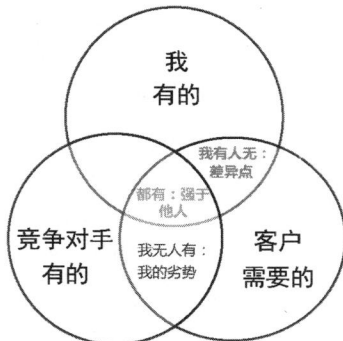

图 4-1　差异化战略框架

4.1 竞争战略决策

如上文所说，营销人员需要基于竞争对手、客户和自身三方的情况，制定自己的差异化战略。我们来看一下，从"竞争对手"角度，营销人员需要做哪些工作？首先，营销人员需要确定竞争对手是谁。其次，营销人员需要了解竞争对手的优势和劣势。最后，营销人员需要有针对性地制定竞争战略。这个竞争战略是差异化战略的一部分，如图 4-2 所示。

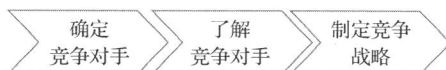

图 4-2　竞争战略三步法

4.1.1　确定竞争对手

有时候，识别竞争对手的工作看起来是不言自明的。例如，华为手机的竞争对手主要是苹果和三星，阿里云的竞争对手主要是 AWS、微软云和谷歌云，京东的竞争对手主要是天猫。然而，对于一家企业而言，当下和潜在的竞争对手范围实际上比你了解的要大很多。如果你准备进入一个新市场，如果你想保持业绩的不断增长，如果你时刻警惕未来可能出现的竞争对手，你应该利用下面这个专业的竞品雷达扫描工具（见图 4-3），时刻关注你的竞争对手。

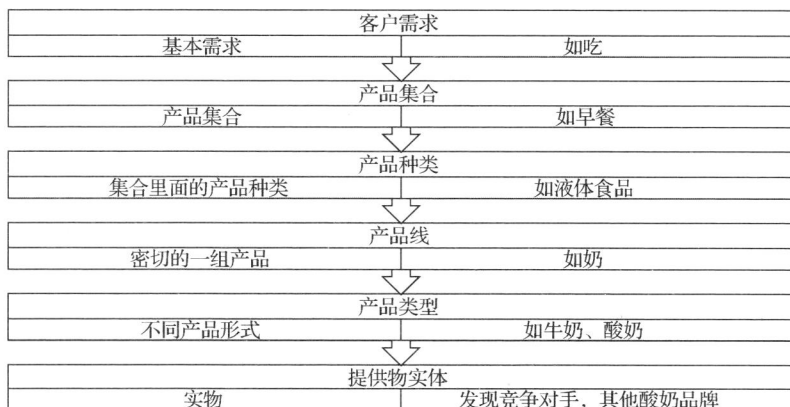

图 4-3　竞品雷达扫描工具

企业应该使用这个工具帮助其进行有利的比较。例如，如实酸奶想要确定它的竞争对手，它应该如何使用这个工具呢？首先，它需要确定它的产品满足客户什么基本需求，这里对应我们前文提到的人类无法抗拒的需求"吃"，可以满足"吃"这个需求的产品集合有很多，如早餐、午饭和晚餐，或者小吃、下午茶等。假设如实

47

对自己产品集合的定位是满足早餐需求，可以满足早餐需求的产品种类也很多，如面包、煎饼、馒头等固态食品，豆浆、果汁、粥等液体食品。假设如实对自己产品的定位是液体食品，对液体食品进一步细分，如实对自己产品的定位是奶制品类别。并在奶制品类别中定位为酸奶。因此，如实的竞争对手是其他酸奶品牌。

如果如实换一个思考角度，使用同样的工具，它将发现新的竞争对手，这意味着新的市场机会。例如，如实把满足客户基本需求从"吃"变为"追求舒适"，则它的竞争对手就是 DQ、麦当劳、哈根达斯等卖冰激凌的品牌，这也意味着它对产品稍作改动，就可以进入一个全新的市场。上面任何一个或者几个维度视角的变化，都有可能产生不同的竞争对手。因此，这个工具不仅可以帮助我们准确定位竞争对手，还可以帮助我们发现新的市场机会。那么，我们到底应该选择哪个视角呢？这取决于企业的目标和资源。例如，如实一开始从酸奶视角进入市场，当面临市场增长瓶颈时，它可以从冰激凌视角开拓一个新市场，如图 4-4 所示。

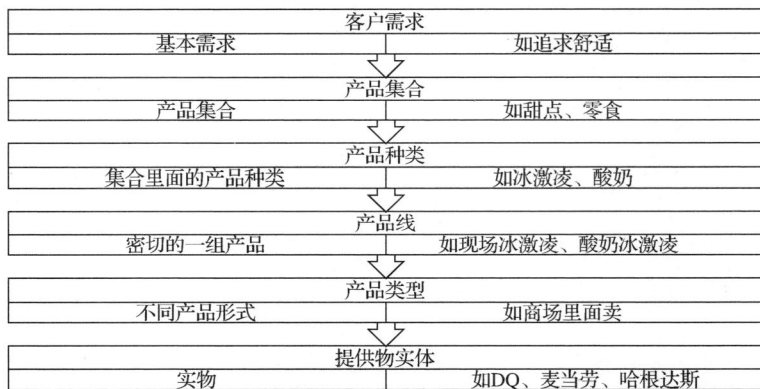

图 4-4　竞品雷达扫描工具（酸奶实例）

上面这个工具是通过行业维度（如客户需求、产品集合、产品种类）和产品维度（如产品线、产品类型、提供物实体）来确定竞争对手。我们还可以基于市场，即客户需求维度确定竞争对手。另外一种确定竞争对手的方法是，按照客户购买和使用产品的流程发现直接或者间接的竞争对手。例如，针对苹果手机我们可以这样分析，人们购买苹果手机，然后拍照、修图等，如图 4-5 所示。

在一个比较稳定的市场中，也许界定一个或几个竞争对手不是一件困难的事。但是，竞争以多种形式存在或者市场处于动态中，可能出现多个竞争体系，每个体系中都有竞争对手。

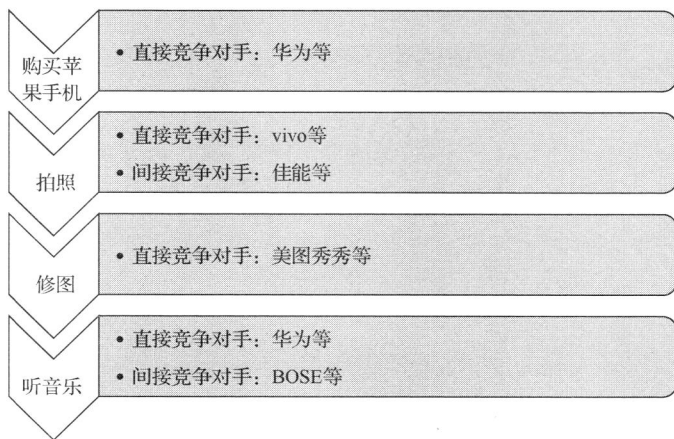

图 4-5 客户购买和使用产品对标竞争对手法

案例 4.1 拉卡拉的战略进化之路

💲 **案例背景**

2019 年，拉卡拉上市后，其支付业务收入占比在下降，但包括金融、电商、信息等在内的商户经营业务 2019 年同比增长了 120%，当期占比提升至 9%，到 2020 年第一季度，这块业务同比增长了 136%，表现出强劲的后发实力。拉卡拉的线下 POS 收单业务如图 4-6 所示。

图 4-6 拉卡拉的线下 POS 收单业务

作为国内首家独立 A 股上市的非银行支付机构，拉卡拉深度融合"支付、金融、信息、电商"四大科技业务，利用云小店等创新产品，帮助商户开辟线上经营渠道，满足商户店铺营销、信贷等经营需求，正在逐步从一家支付公司向综合性企业服务商升级。

案例分析

大家都知道，拉卡拉是通过收单支付业务起家的，那为什么拉卡拉要在上市后有意缩小其看家的收单支付业务，而增加金融、电商和信息等其他业务板块呢？这是因为在当前，中小企业的数字化进程加快，带来了非银行支付机构业态的变化，而支付作为中小企业经营的刚需，可以连接企业内部交易，包括内部经营管理和上下游供应等。

因此，面临这样的局势，中小企业的变化主要表现在两个方面：一是硬件方面的创新，如收款终端及付款方式的创新；二是服务模式的创新，非银行支付机构的服务模式从提供单一的收单服务，到为商户提供线上线下结合的端到端解决方案。

与支付宝、财付通这样的机构不同，拉卡拉根据自身在商户端的资源积累优势，主要在 B 端寻求机会，通过为中小企业、商户提供进销存、会员管理、营销等一系列服务，以获得更大的业务增长空间。而拉卡拉的 B 端综合性企业服务的战略转型，恰恰是其通过对标竞争对手及分析自身的优势和劣势形成的最佳战略。

4.1.2 了解竞争对手

现在，营销人员已知道有哪些竞争对手，接下来需要在这些竞争对手中找到希望对标的主要竞争对手，并对这些主要竞争对手进行分析，了解每个竞争对手的战略、目标、优劣势（不用再单独分析机会和威胁，因为大家在同一个市场，机会和威胁对大家来说基本一样）等情况。

那么，营销人员如何确定主要竞争对手呢？下面提供几个在实战中验证过且行之有效的方法。

1. 同一个市场中，采取相同战略的企业是主要竞争对手

在同一个市场中，采取相同战略的企业将是主要竞争对手。例如，在酸奶行业中，对客户传递价值而言重要的因素有产品线、生产成本、服务质量、产品质量、价格、价值网络垂直一体化程度。假设这个行业里面现在有 12 家企业，如实酸奶是其中之一，如实已经确定其竞争对手是其他 11 家企业，它需要知道主要竞争对手是哪几家企业。假设如实采用的战略是群体 A（如实和企业 2、3）采取的战略，即都

是狭窄的产品线、较低的生产成本、高质量的服务、高的价格、高的产品质量和较高的垂直一体化价值网络，那么企业 2、3 就是如实的主要竞争对手，而其他群体的企业（企业 4～12）是它的竞争对手，但不是主要的。因为如实和企业 2、3 实施相同的战略，它们的竞争将是直接的，如表 4-1 所示。

表 4-1　战略对标示例表

战　略　群　体	产　品　线	生产成本	服务	价格	产品质量	垂直一体化
群体 A（如实和企业 2、3）	狭窄	较低	高	高	高	较高
群体 B（企业 4、5、6）	全面	低	良好	中等	中等	高
群体 C（企业 7、8、9）	中等	中等	中等	中等	较高	中等
群体 D（企业 10、11、12）	广泛	中等	低	低	低	中等

2．为了改进市场份额，对最成功的竞争对手开展对标

通常情况下，最成功的竞争对手是显而易见的。但是，在某些竞争激烈的市场中，营销人员可以通过下面两种方法找到应该对标的竞争对手。

第一种方法：要求企业对主要竞争对手按照表 4-2 中的维度排序，选出最成功的竞争对手。

表 4-2　竞争对手排序方法 1 示例表

竞　争　者	客户知晓度	产　品　质　量	产品利用率	技　术　支　持	推销人员
A	E	E	P	P	G
B	G	E	E	G	E
C	F	P	P	F	F

第二种方法：企业通过市场份额、心理份额和情感份额找出最成功的竞争对手，如表 4-3 所示。

表 4-3　竞争对手排序方法 2 示例表

竞　争　者	市场份额（%）			心理份额（%）			情感份额（%）		
	2020 年	2021 年	2022 年	2020 年	2021 年	2022 年	2020 年	2021 年	2022 年
A	50	40	45	50	58	54	40	42	39
B	30	35	36	20	31	35	49	47	50
C	20	25	19	30	11	11	11	11	11

其中，市场份额是企业在有关市场上所拥有的销售份额；心理份额是指客户在回答"这个行业中你首先想到的一家企业"这个问题时，提名这个企业的客户在全部客户中所占的百分比；情感份额是指客户在回答"举出你喜欢购买其产品的企业"这个问题时，提名这个企业的客户在全部客户中所占的百分比。

3. 从客户价值角度，选择对标竞争对手

我们相信，客户将从那些他们认为提供最高客户价值的企业购买产品。客户价值=客户利益（包括产品利益、服务利益、个人利益和形象利益）-客户成本（包括获得成本、使用成本、维持成本、所有权成本和抛弃成本）。因此，我们可以通过下面的步骤得到客户价值。

- 通过询问客户本人确定其关注哪些利益。例如，您希望得到什么功能，产品有什么特色。注意：客户提出来的希望得到的功能和特色将会因人而异，所以样本数量不能太少。
- 请客户给产品的不同属性的重要性打分。你可以询问客户，由他们对产品的不同属性按其重要性的大小进行评定，并排列顺序。注意：如果客户在评价中分歧甚大，就应该把客户分成不同的细分市场。
- 询问客户对各竞争对手的产品在各个属性方面有何看法（或者打分）。理想的情况是，你的产品应该在客户评价最高的属性方面性能最好，客户评价最低的属性方面性能最差。

在这里，有一些实战经验会对你有所帮助。

- 与主要竞争对手比较，针对每个属性成分研究某一特定细分市场的客户如何评价企业的绩效。如果企业所提供的产品在所有重要的属性方面都超过了主要竞争对手，企业便可制定较高的价格（以获得更大的利润），也可与主要竞争对手定价相同，从而获得较多的市场份额。
- 企业需要定期分析客户价值，因为市场和客户特性是不断变化的。
- 企业完成客户价值分析后，可以通过下列分类方法，挑选一个集中攻击。
  - 选择强竞争对手（困难大，但成长快），还是弱竞争对手（效果正好相反）。
  - 选择直接竞争对手（如雪佛兰选择福特作为竞争对手，而不是宝马），还是间接竞争对手（如可口可乐将自来水作为第一竞争对手，而不是百事可乐）。
  - 选择"良性"竞争对手（其特点是这些企业遵守行业规则，合理定价，只专注于自己的细分市场，推动他人降低成本，提高差异化），还是打击"恶性"竞争对手（其特点是这些企业企图花钱，而不是自己努力去赢得市场，打破行业平衡，生产能力过剩仍继续投资）。

当企业知道主要竞争对手的战略后，营销人员需要关注主要竞争对手通过这个战略要达到什么样的目标。就像制定战略和目标的步骤一样，营销人员需要在了解

主要竞争对手战略的同时关注五个问题的答案。只不过营销人员需要了解的是：主要竞争对手是如何回答这五个问题的。

- 在市场上追求什么？
- 行为推动力是什么？
- 长期目标是什么？
- 短期目标是什么？
- 扩展计划是什么？

接着，营销人员需要弄清楚主要竞争对手实现这个目标的优劣势，就像了解自己的 SWOT 一样。通过了解主要竞争对手的 SWOT，营销人员对其在目标市场的竞争定位应该是哪种类型就心中有数了。竞争对手的竞争类型表如表 4-4 所示。

表 4-4　竞争对手的竞争类型表

类　　型	控制其他竞争对手行为的程度	受其他竞争对手行为的控制程度	可以做的事
主宰型	控制着竞争对手的行为	低	广泛选择战略的余地
强壮型	在不危害自身长期地位的前提下影响竞争对手，有能力单独行动	其长期地位不受其他竞争对手行动的影响	—
优势型	有较多能力可以利用	—	有较多机会改变其地位
防守型	不太有能力影响其他竞争对手，但经营情况令人满意，足以继续经营	在主宰者的控制下生存	有较少机会改变其地位
虚弱型	不太有能力影响其他竞争对手，经营情况不能令人满意，需要改善	在主宰者的控制下生存	不改变就会被市场淘汰
难以生存型	不太有能力影响其他竞争对手，经营情况很差	在主宰者的控制下生存	没有改变机会

最后，营销人员还需要知道当其对主要竞争对手进攻时，主要竞争对手会如何反应？大部分企业面对进攻都会有以下三种反应。

- 反应迟缓。
- 只对某些类型的攻击做出反应。
- 对任何攻击做出快速和强烈的反应。

案例 4.2　央行数字货币加速金融交易系统的多元化发展

$ 案例背景

20 世纪 70 年代起，美国主导的环球同业银行金融电讯协会（SWIFT）构建了世界大额支付领域通用自动报文系统，全球会员机构超过 11000 家，日均发送报文 3000

万条。VISA 掌控小额零售支付业务，涉及全球 200 多个国家和地区，将超过 6100
万商户与 34 亿张 VISA 卡相连接，地球上几乎每两人中就有一人持有 VISA 卡。
2019 年，VISA 网络交易额高达 9 万亿美元，相当于全球 GDP 的 1/10。

以 SWIFT 和 VISA 为代表的交易系统是美国主要的金融基础设施。近年来，
面临金融科技带来的挑战，SWIFT 执行跨境转账的交易流程长、耗时多、费用
高，跨境数据易被美国掌握，相关机构和所属国家的金融安全无法得到保障。
某些金融科技企业在办理跨境汇款业务时，尽量减少使用 SWIFT。它们或者同
收款方国家的枢纽公司合作，将大笔金额拆分成小股；或者合并转账款项，降
低固定成本。

各国央行对数字货币的探索，也可视为本国政府摆脱 SWIFT 的尝试。欧盟各
国央行一致加大数字货币研究力度，促进金融资产数字化及其转移模式创新。中国
人民银行对数字货币进行持续研究，提交专利数超过 120 项。新加坡、加拿大、中
国香港地区、泰国等经济体展开联合测试，考察数字货币可否用于商业银行的跨境
交易。

案例分析

2020 年，中国人民银行推出数字货币，是基于对竞争对手 SWIFT 的 SWOT
分析。中国人民银行抓住 SWIFT 的弱点，推出数字货币，是选择强竞争对手的
集中攻击策略。

4.1.3　制定竞争战略

现在，你已经知道竞争对手是谁？他们的战略中哪些和你的一样？你主要的竞
争对手是谁？他们的目标是什么？他们的优劣势，在市场中的地位，以及会如何应
对你的竞争？下面你可以制定有针对性的竞争战略了（注意：这不是你的整体战略，
该竞争战略是整体战略的一部分，是为企业制定整体战略提供从竞争情况角度决策
的依据）。你的竞争战略有两个选择：进攻或者防守。你选择哪个战略取决于竞争对
手和你自己的情况，下面是制定竞争战略的具体思路。

如果你是市场领导者且占有 40%以上的市场份额，或者你处于统治地位，通常
在总市场扩大时得益最多，所以营销人员需要制定扩大总需求的战略。表 4-5 提供
了营销人员扩大总需求战略时可以选择的具体的策略和战术。

表 4-5　市场领导者竞争战略表

战　略	策　略	战　术
扩大总需求	新用户	想用但未用（市场渗透战术）
		非使用者（新市场战略）
		其他地区（地理扩展战略）
	新用途	企业引导或者客户自己发现后，企业对此大力推广
	多用	如在洗发水上印"泡沫、冲洗、重复"等字样
		告诉人们需要在商品破坏时更换，如空气滤芯
		告诉人们商品实际用坏或者破损的期限，如机油

　　如果你是市场挑战者，占有 30% 以下的市场份额。若自己资源较少时，应该采用侧翼进攻或者游击战进攻战略。这些进攻是为全局做准备，其目的是骚扰对方，使其士气低落，使己方最终获得胜利。表 4-6 提供了营销人员挑战市场领导者时可以选择的具体的策略和战术。

表 4-6　市场挑战者竞争战略表

战　略	策　略	战　术
侧翼进攻	以强胜弱	针对对方力量薄弱的地理市场攻击
		针对对方力量薄弱的细分市场攻击
	发现需求并为其服务	发现新的细分市场
游击战进攻	针对对方不同领域进行小而断断续续的攻击	减价
		密集促销
		法律行为

　　如果你是市场追随者，且市场份额不超过 20%，那么你的目的可以不是赶超前面的竞争对手，而是获得更高的利润。模仿或者改进战略多被应用在产品差异性和形象差异性很小、产品质量经常相仿、价格敏感度很高的市场，如钢铁、化肥、化工。表 4-7 提供了营销人员获得更高利润时可以选择的具体的策略和战术。

表 4-7　市场追随者竞争战略表

战　略	策　略	战　术
模仿或者改进领导者的产品	仿制者	假货
	紧跟者	模仿领导者的产品、名字或包装，但稍有区别
	模仿者	在某些方面效仿领导者，但在包装、广告、价格等方面有所不同。领导者不注意模仿者，模仿者也不进攻领导者

　　如果你是市场补缺者，且市场份额不超过 10%，你的战略的关键是专业化，你需要非常了解客户需求，并添加附加值，从而使产品增值。表 4-8 提供了营销人员采取补缺战略时可以选择的具体的策略和战术。

表4-8　市场补缺者竞争战略表

战　略	策　略	战　术	手　段
在大公司不感兴趣的市场或者没有注意到的小市场成为领导者	1. 小公司可以用，如罗技鼠标； 2. 大公司可以建立业务单位或者公司，以服务补缺市场； 3. 坚持补缺观念，而非补缺一个市场	1. 较高的价格和较好的质量； 2. 较狭窄的产品线； 3. 较细分的市场； 4. 类似的分销渠道； 5. 优越的服务； 6. 在销售队伍、广告和促销上较低的支出	最终用户专家：专门为某一类客户服务
			垂直专家：精通某种垂直水平的生产-分配周期
			客户规模专家：集中力量为大、中、小中的一类客户服务
			特定客户专家：为一个或少数几个主要客户服务
			地理区域专家
			产品或产品线专家：只生产一种产品或专注于一条产品线，如仅卖领带
			产品特色专家：专注于一种产品或产品特色，如只出租破损汽车
			质量/价格专家：选择低档或高档的市场经营，如HP袖珍计算机
			服务专家：提供一种或多种其他公司没有的服务
			渠道专家：只为一种分销渠道服务

案例4.3　恒大集团与通联支付联手打造"恒房通"

💲 案例背景

2020年的新冠肺炎疫情对房地产行业产生了非常大的影响，由于传统的购房交易都是面对面现场交易，因此疫情使得各大房地产企业的交易量大幅下滑，而房地产龙头企业——恒大集团与通联支付的合作率先破局。

2020年2月，通联支付为恒大集团适时上线"恒房通"线上收银服务，帮助恒大集团在新冠肺炎疫情期间创新业务模式。通过接入通联支付"智慧收银"模块，恒大集团"恒房通"平台成功把原来必须面对面现场交易的业务场景转换为线上交易，提供网上VR看房、网上选房、网上购房等一站式服务，打破了房地产企业面对面交易的限制，率先在全国开启网上购房通道，成为房地产行业首个实现全面网上购房的企业。恒大集团"恒房通"平台如图4-7所示。

图4-7　恒大集团"恒房通"平台

案例分析

恒大集团作为房地产龙头企业，采取的是扩大总需求的战略，它与通联支付联手打造"恒房通"。

恒大集团在总市场扩大时得益最多，并率先实现网上购房，这属于"新用途"的策略，将原来传统的面对面现场交易的业务场景转换为线上交易，在新冠肺炎疫情的危机中发现并抓住了机遇。

4.2　差异化战略决策

现在，营销人员应该对客户有了足够的洞察（第 3 章的内容）、对竞争对手有了很好的了解（4.1 节的内容），我们在这里假设营销人员对自身企业足够了解（若不是，营销人员可以参考菲利普·科特勒的著作《营销管理》中的"业务战略计划"一节的内容），是时候制定差异化战略决策了。差异化战略决策有两个输出：确定产品定位，基于产品定位确定品牌定位（品牌定位相关内容将在后文 5.3 "品牌管理"一节中阐述）。

4.2.1　什么是定位

定位是一种行为，由一系列影响受众心智的动作构成。在决定目标市场、制定整体战略、明确竞争对手战略之后，企业需要确定一个价值主张，即为客户为什么买你的产品找一个令人信服的理由。定位的动作之一就是，成功地创建商品价值主张。价值主张需要说明两件事。

- 如何为细分市场创造差异化的价值（谁是你的目标客户，你为他们提供什么独特的价值），如自愿付款。
- 通过这种差异化的价值，企业可以在细分市场中拥有什么地位？在客户心中的地位如何？如实力出众的、值得信赖的。

为什么定位或者价值主张需要有差异化？一方面，如果两家或更多的企业选择同样的细分市场，若其中一家企业没有一组独特的能够在这个细分市场上吸引大量客户的利益组合的话，客户就无法把它的产品和其他产品区分开。在客户做购买决策时，他们更倾向于去选择他们印象深刻的产品，因为这样他们的决策成本更低。另一方面，如果你在宣传产品的过程中没有办法让客户对你的产品产生不同的感知、印象和感觉，通常会导致两种后果：一种是客户记不住你，也就是你的产品在客户心中没有位置，即无定位；另一种是客户记住你了，但不是以你希望的一种印象（你希望的定位），而是客户自己基于接触到的与你的产品相关的所有信息，通过选择性曲解形成的对你的产品的定位。因此，企业需要通过自己差异化的价值主张，在目标客户心中形成自己期望的定位。

产品有三种定位方式：基于功能的定位，基于带给客户利益的定位，基于满足客户某种价值的定位。我们来举个例子，戴森的产品功能定位是强劲马达，产品利益定位是洁净生活，产品价值定位是舒适体验。

产品的功能定位是客户通过几个重要的属性定义产品的方式，如小度的丰富功能。相对于竞争对手的产品在客户心中的位置，产品的功能定位从理性角度回答了"客户为什么要购买你的产品？"这个问题。产品的利益定位和价值定位必须满足目标市场的需求和客户的价值观，它们从感性角度回答了"客户为什么要购买你的产品？"这个问题。

产品的功能定位、利益定位和价值定位组成了品牌定位的三个层次，换句话说，这三个层次带给客户的感知、印象和感觉一起形成了客户对你的产品的认知和感知。

案例 4.4　美国 Privacy 虚拟信用卡的产品定位

💲 案例背景

说到虚拟信用卡，相信大家并不陌生。从国内的主要发行机构来看分为两类，一类由银行直接发行，虽然没有实体卡片，但本质上依然是信用卡。发行银行既包括中国工商银行、中国银行、中国建设银行、交通银行等传统大行，也包括百信、新网、微众、网商等新兴互联网银行。另一类由互联网平台联合资金方发行，既包括头部平台蚂蚁金服的花呗、京东金融的白条、百度有钱花等，也包括其他金融科技平台。这些平台从自建场景的支付手段切入，引入虚拟信用卡，后续再进行信贷转化，通过互联网的精准营销，使得业务快速增长，本质上是消费信贷产品。

信用卡产品的一个痛点是，用卡安全容易发生问题，引发卡滥用或欺诈。针对这个痛点，美国 Privacy 虚拟信用卡提出这样的价值主张："像保护个人隐私一样保护个人用户的用卡安全。"Privacy 为用户提供虚拟信用卡生成服务，用户使用虚拟信用卡卡号在网上消费时不用输入自己的真实信息（包括姓名、卡号、地址、电话等），做到安全并且匿名。这一点我们非常容易理解，如同我们在外卖平台上点餐后，平台会自动生成一个虚拟电话号码到快递员客户端，保护用户信息。美国 Privacy 虚拟信用卡如图 4-8 所示。

图 4-8　美国 Privacy 虚拟信用卡

案例分析

　　美国 Privacy 虚拟信用卡的价值定位是，保护用户的用卡安全。Privacy 通过一套算法或者人工审核来决定增加/减少每个账号每天及每月的可消费额度。Privacy 会根据每个账号的使用情况来决定开卡量，但不能一次性开太多的卡用于同一商户，这种情况会被视为滥用或者欺诈。通过这个价值定位，Privacy 支持了 9000 多家金融机构，并成为一家成功的初创公司。

4.2.2　如何确定差异化定位和具体差异点

　　我们通过一个案例来说明如何利用图 4-9 中的差异化战略六步法，即确定差异化定位和具体差异点。

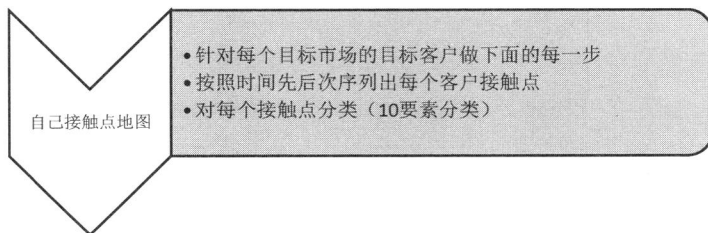

自己接触点地图

- 针对每个目标市场的目标客户做下面的每一步
- 按照时间先后次序列出每个客户接触点
- 对每个接触点分类（10要素分类）

图 4-9　差异化战略六步法

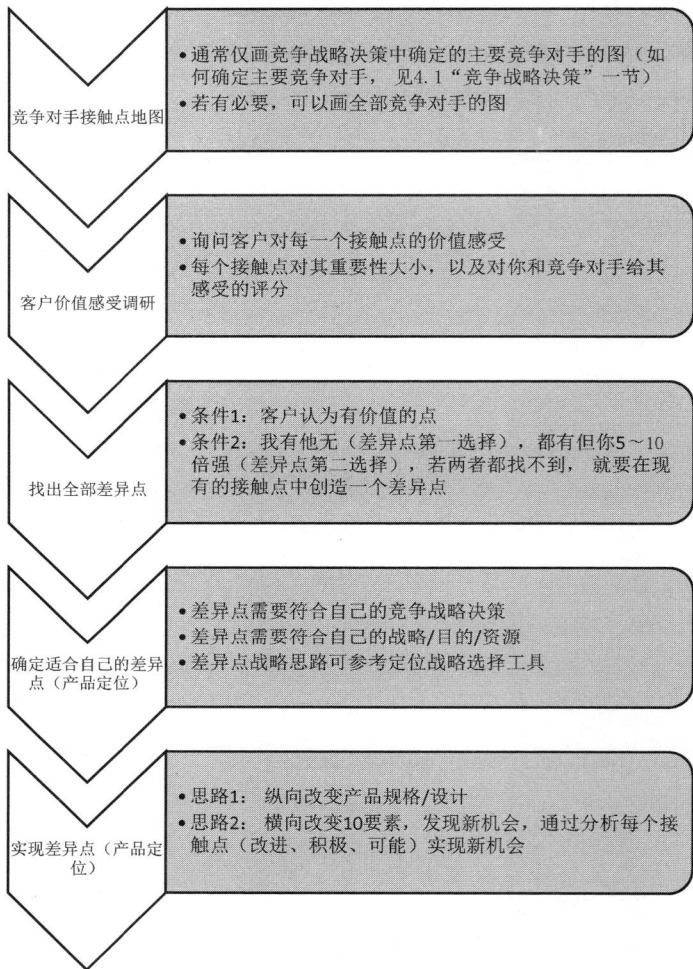

图 4-9　差异化战略六步法（续）

有一个咨询公司 A，其创始人在创业初期通过图 4-9 中的差异化战略六步法对公司的差异化定位是"亲"，这个定位的具体差异点是"自愿付款"。首先，这个创始人列出了当时客户和企业的每个接触点；然后，他按照矩阵营销体系中的传递价值模块中的成交模型，把 23 个接触点分为曝光、互动、购买和安利四种类型，如图 4-10 所示。

咨询公司 A 的创始人利用"竞争战略决策"，明确当时主要的三类竞争对手：世界顶级咨询公司如麦肯锡，国内知名咨询公司如华与华，以及个人工作室。这基本上覆盖了市场上咨询公司 A 的主要竞争对手的全部类型，并通过客户调研得到以下数据，如图 4-11 所示。

按时间排序	成交三步曲	客户接触点
1	曝光	在百度上看到我
2		访问我的官网，了解我更多
3		在互联网上搜索关于我的信息
4		联系我
5	互动	见面细聊
6		提供方案
7		再次沟通
8		提交方案
9		提交报价
10		参加投标
11	购买	签订合同
12	安利	第一次入场
13		第一次会议
14		第一次访谈公司高管和相关人员
15		第一次访谈公司的价值网络
16		第一阶段结果呈现和沟通
17		中间沟通和合作
18		每个阶段性成果呈现和沟通
19		最终方案的呈现和反馈
20		基于反馈的进一步改进
21		付款
22		对于新增需求的沟通
23		回到第5步

图 4-10 差异化战略六步法——客户接触点及其分类

按时间次序	成交三步曲	客户接触点	客户价值重要程度（按客户打分）	我在客户心中的位置	麦肯锡	国内知名咨询企业	其他知名的个人工作室
1	曝光	在百度上看到我	1	0	9	8	6
2		访问我的官网、了解我更多	1	0	9	8	6
3		在互联网上搜索关于我的信息	1	0	9	8	6
4		联系我	2	0	9	8	6
5	互动	见面细聊	2	6	9	8	6
6		提供方案	2	6	9	7	6
7		再次沟通	2	8	9	7	7
8		提交方案	8	9	9	7	6
9		提交报价	8	6	5	6	9
10		参加投标	2	6	9	7	6
11	购买	签订合同	6	4	9	7	6
12	安利	第一次入场	6	9	9	7	6
13		第一次会议	3	9	9	7	6
14		第一次访谈公司高管和相关人员	3	9	9	7	6
15		第一次访谈公司的价值网络	3	9	9	7	6
16		第一阶段结果呈现和沟通	9	9	9	7	6
17		中间沟通和合作	8	9	7	6	6
18		每个阶段性成果呈现和沟通	9	9	7	6	6
19		最终方案的呈现和反馈	10	9	7	6	6
20		基于反馈的进一步改进	10	9	7	6	6
21		付款	10	5	5	5	5
22		对于新增需求的沟通	8	9	7	6	6
23		回到第5步					

图 4-11 差异化战略六步法——客户调研数据

61

通过对客户调研数据进行分析，这个创始人发现所有差异点中没有适合做差异化定位的差异点；在人有我强的部分，其产品服务没有对竞争对手形成压倒性优势，基本是 6 分和 9 分的区别；他也没有我有人无的接触点，如图 4-12 所示。

按时间次序	成交三步曲	客户接触点	客户价值重要程度（按客户打分）	我在客户心中的位置	麦肯锡	国内知名咨询企业	其他知名的个人工作室	差异点比较	
1	曝光	在百度上看到我	1	0	9	8	6	我没有知名度	人有我无：我的劣势
2		访问我的官网了解我更多	1	0	9	8	6		
3		在互联网上搜索关于我的信息	1	0	9	8	6		
4		联系我	2	0	9	8	6		
5	互动	见面细聊	2	6	9	8	6	客户重视程度低	意义不大的优势
6		提供方案	2	6	9	7	6		
7		再次沟通	2	8	9	7	7		
8		提交方案	8	6	9	7	6	我没有知名度	人有我无：我的劣势
9		提交报价	8	6	5	6	9	我无明显优势	无差异点
10		参加投标	2	6	9	7	6	客户重视程度低	意义不大的劣势
11	购买	签订合同	6	4	9	7	6	我目前没有实体	人有我无：我的劣势
12	安利	第一次入场	6	9	9	7	6	我提交的质量和麦肯锡资深合伙人一致，远好于总监和项目人员	人有我强
13		第一次会议	3	9	9	7	6		
14		第一次访谈公司高管和相关人员	3	9	9	7	6		
15		第一次访谈公司的价值网络	3	9	9	7	6		
16		第一阶段结果呈现和沟通	9	9	9	7	6		
17		中间沟通和合作	8	9	7	6	6		
18		每个阶段性成果呈现和沟通	9	9	7	6	6		
19		最终方案的呈现及反馈	10	9	7	6	6		
20		基于反馈的进一步改进	10	9	7	6	6		
21		付款	10	5	5	5	5	客户重视程度高	大家都有
22		对于新增需求的沟通	8	9	7	6	6	我提交的质量和麦肯锡资深合伙人一致，远好于总监和项目人员	人有我强
23		回到第5步							

图 4-12　差异化战略六步法——差异点比较

咨询公司 A 的创始人通过图 4-13 中的定位战略选择工具对他的战略进行分析。

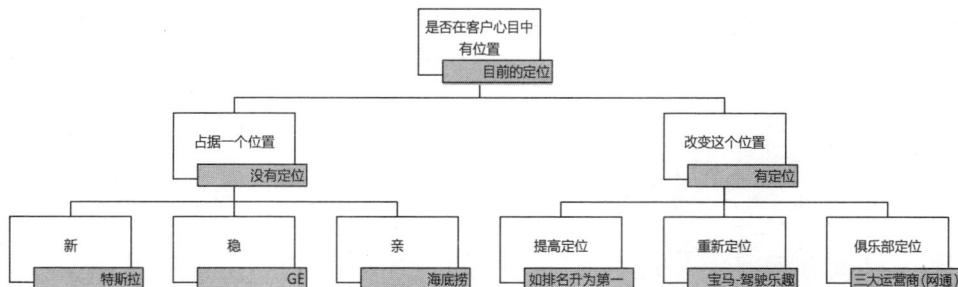

图 4-13　定位战略选择工具

基于公司的战略（补缺战略，即在大公司不感兴趣的市场或者没有注意到的小市场成为领导者）、战术（提供优质的服务）、手段（提供一种或多种其他公司没有的服务）、目标（20 年后成为世界顶级咨询公司）和资源（个人工作室，无资金投入，只有自己的经验和时间），选择"亲"的差异化定位战略，这个定位的具体差异点的切入点是"服务"。这个创始人没有选择"新"的差异化定位是因为咨询行业不是一个日新月异的行业，不太容易找到"新"的具体差异点；没有选择"稳"的差异化定位是因为在绩效、质量上目前已经是 9 分，竞争对手也不弱，无法找到明显的差异点。而在可信和声望角度，目前其是劣势，对于一个刚刚进入市场的公司，其需要更多的时间和脚踏实地的服务赢得客户的信任，建立口碑和声望，而且他没有资金加速这个过程（跟公司资源相关），他也不急于达成这一点（跟公司目标相关）。这位创始人选择"亲"中的"服务"是符合其战略和战术的。定位方向选择工具如图 4-14所示。

新	稳	亲
• 产品	• 绩效	• 服务
• 科技	• 质量	• 价格
• 功能	• 性能	• 使用
• 概念	• 最可信	• 最大众化的产品
• 款式	• 最有声望	

图 4-14　定位方向选择工具

咨询公司 A 的创始人需要思考，如何通过"服务"实施"亲"的差异化定位。这位创始人通过纵向思维思考，是否可以通过改变其服务的规格或设计，或者在现有服务中加入新的服务，或者让客户的决策成本更低。他想到，现在无论什么咨询公司都需要客户按阶段付款，如果自己把是否付款及付多少款的决策后置，即等客户得到全部服务后，再根据自己获得的服务价值，自由决定付款多少，那么客户决策成本将大大降低。这也形成了一个我有人无的差异点，这个具体的差异点也很适合咨询公司 A 当时的营销环境（市场不知道这家公司，创始人不知道其服务在客户眼中的价值）。通过"自愿付款"的服务，咨询公司 A 一方面可以因为降低客户决策成本而快速积累一批种子客户，另一方面解决了目前营销环境中的两个不知道的问题。

对一个新产品进行定位，通常的原则是在"新""稳""亲"这三个维度中选一个作为主要差异点做到最好，其他两个维度可以作为共同点做到不错，而不要选两个甚至三个维度作为差异点，并试图都做到最好，因为这需要更多资源去实现，失败概率更大，宣传内容不容易简单、清晰，客户不容易理解和记忆。例如，早年的 Pad产品想在"新：电话+电脑"和"亲：移动方便"两个维度进行定位，就是以失败告终。这样的案例还有很多，但这不代表完全没有成功的可能。宝马就是第一个同时定位于"稳：高性能"和"亲：豪华"的汽车品牌，成功开辟了一个新的品类——豪华型高性能车。之前，车要么是豪华如凯迪拉克，要么是高性能如福特野马。当然，如果你已经有品牌定位，你希望做的是改变现有品牌定位。那么，你可以提高现在的定位（例如，在现有目标市场争当第一，或者在一个新的细分市场成为第一，或者每个细分市场的专家定位，）或者重新定位（例如，针对现在品牌不恰当的定位，重新定义这个定位并取而代之；或者强调你的历史久远、独家秘方、下一代产品、最受欢迎、最全产品，即用新产品定位的逻辑根据当下情况再梳理一次）或者联想定位（例如，俱乐部排名的方法——前3、前5、前10等）。

案例 4.5　新冠肺炎疫情下美国首家银行破产会引发金融危机吗

💲 案例背景

2020年的新冠肺炎疫情让各国经济普遍承压，民营企业也犹如走在钢丝绳上。接着，美国一家小型银行——第一州银行（First State Bank）宣布破产，其成为新冠肺炎疫情下首家倒下的美国银行，而这加剧了社会各界对新冠肺炎疫情带来的经济问题的担忧。

第一州银行位于美国西弗吉尼亚州，成立于1917年，是一家拥有逾百年经营历史的小型银行，主要提供全方位的存贷款服务。截至2019年年底，第一州银行的总资产规模约为1.52亿美元，总存款规模约为1.4亿美元。

第一州银行的破产，必然会引起银行存款人对于资产安全的焦虑，为了维护银行存款人的利益，美国联邦存款保险公司（FDIC）同收购第一州银行存款和部分资产的MVB银行达成了接收协议，让原有的用户迁移至MVB银行。据悉，第一州银行的四个支行会以MVB银行分行的身份重新营业，第一州银行的存款人会自动变为MVB银行的存款人，美国联邦存款保险公司会继续承保。然而，美国联邦存款保险公司的说法，并没有完全消除民众的恐慌，新冠肺炎疫情在美国的大规模爆发让民众的这种情绪变得更加强烈。新冠肺炎疫情是否会引发金融危机，第一州银行是否会成为金融危机多米诺骨牌的开端，成为社会议论的焦点。第一州银行如图4-15所示。

图4-15　第一州银行

案例分析

　　第一州银行的破产会不会引发金融危机？会不会影响到我国的银行？我们通过前文的差异化定位的方法和工具来分析美国银行业与中国银行业的区别。

　　第一，开放程度。美国银行业是高度竞争的行业，市场开放程度较高，主要以民营的区域性中小银行，特别是社区银行为主，社区银行占据超 80% 的市场份额。而我国银行大多有国家和政府做背书，市场开放程度较低。根据银保监会发布的《银行业金融机构法人名单》（截至 2019 年 12 月底），民营银行数量为 18 家，而国有银行、股份制银行、民营银行、城商行、农商行总数达 1679 家，其中民营银行占比仅为 1.22%。

　　第二，服务对象。在美国，大部分像第一州银行一样的民营中小银行，主要服务于当地居民、企业，具有明显的区域性、局限性等特点，业务发展空间有限。相比之下，我国民营银行则不太强调区域性，其服务对象集中在小微企业、零售商户等长尾用户，与传统商业银行形成错位竞争。

　　第三，盈利模式。美国银行的收入主要来自服务费、资管、投行、交易等业务，而我国银行的收入来源主要是净利息收入，换言之是存贷利差，这与中国人长久的存款习惯有关系。

　　第四，市场机制。美国中小银行相对于大型银行竞争力很弱，美国监管部门允许一定程度的市场化出清，形成优胜劣汰的机制。而我国对小银行破产有所管制，国家会给予政策救济。

　　通过上述开放程度、服务对象、盈利模式、市场机制四个方面分析得知，第一州银行破产并非新冠肺炎疫情直接导致，而是美国银行模式的必然结果。不同国情造就差异化的银行模式，我国银行并不需要过度担心"悲剧"的发生，因为美国银行业与中国银行业在本质上有所不同。

　　到这里，你应该可以自己做差异化战略决策了。在做决策时，请记住以下黄金十一条。

- 定位的任务是向目标市场传播公司和品牌的核心观念，因为它简化了我们对实体的看法，方便传播和记忆。
- 定位不仅包含确定差异点的动作，还包含确定共同点的动作。差异点帮助品牌在竞争情况下抑制客户对竞争对手的联想（激发排他性联想），共同点帮助品牌在无竞争对比的情况下激发客户的联想（激发关联性联想）。

- 在实现定位的过程中，实现共同点比实现差异点更重要。因为共同点通常是客户认为这个品类必须有的特点，如啤酒需要口感好，如果你在这一点上没有做好，你的啤酒就算有低卡路里的差异点，对于客户也没有吸引力。客户一般情况下只愿意喝口感好的啤酒，在有这个共同点的基础上，低卡路里的差异点才对客户有吸引力。

- 建议基于品牌利益而不是品牌功能属性选择共同点和差异点。品牌功能属性通常是解释为什么有这种品牌利益的论据，如首汽约车的司机对乘客提供上下车服务产生了方便客户的利益。

- 所有产品都可以进行某种程度的差异化，但并非所有品牌的差异化都是有意义的或者有价值的。

- 一个好的差异点应该具备以下特点：
  - 满足客户的某种需求或者利益（客户角度）；
  - 能够提供一种令人信服的为什么有这种差异点的理由（企业角度）；
  - 公司有资源去实现差异化的承诺，即公司宣传的承诺最终需要靠提供物去实现，否则这种定位无法让客户复购（企业角度）；
  - 这种差异点是明显不同于目标竞争对手的（竞争角度）。

- 一个公司一旦成功地进行特色定位，差异化只能维持一段很短的时间，因为竞争对手会模仿这些好的创意。因此，公司需要不断思考，新的增值的特征和利益，以引起有多种选择的价格导向型客户的注意和兴趣。

- 一个公司不应该尽可能设计高质量的产品，而是应该设计符合目标市场和匹配竞争对手性能水平的产品。

- 当你选择一个差异化定位战略，不一定能找到其对应的具体差异点。在找不到合适的差异点支撑战略时，你有两个选择：请其他人从不同的视角看看能否找到具体差异点，或者重新选择一个差异化定位战略。不断地尝试，直到你能找到具体差异点。

- 如果你的竞争对手比较范围不止一组，对于每组的竞争对手都需要有不同的可能的差异点和共同点，即不同定位。如果你没有足够资源这样做或者认为这样做弊大于利，你看看是否可以创建一个足够强大的定位组合，以便有效应对全部竞争组的全部竞争对手（但不要掉入试图满足所有客户的所有需求的陷阱，那样的话，将是没有任何特点的定位，是一个无效的定位），或者选择这些竞争组中你当下最需要关注的组来定位。

- 对于有多条产品线的企业来说，通常面临两种选择：一种是一个定位打天下，这时你应该遵循 90%/10% 原则，即你的这个定位应该适用于你品牌中 90% 的产品，剩下的产品要么放弃要么改变，使其符合整体定位；另一种是多种定位并存，具体内容请参考后文 5.3.4 "品牌发展" 一节的内容。

4.2.3 如何传播差异化定位

要传播差异化定位，首先需要把定位陈述出来。定位（品牌定位）陈述的格式是："对于（目标群体）我们（品牌）是不同的（观念）。"例如，面向中小微企业，昆立晟市场营销咨询公司提供物超所值、自愿付款的营销咨询和培训服务。

许多人往往分不清品牌定位和品牌标语之间的关系。我们通过黑莓手机的案例，帮助大家更好地理解两者之间的关系。黑莓的品牌定位是 "对想保持井然有序而又很忙的专业人士而言，黑莓作为一个无线连接解决方案，使你在外出时可以通过更简单、可靠的数据连接方式与外界保持联系"。其品牌标语是 "简单可靠的移动联系"。请记住，品牌定位首先要明确产品所属的类别（无线连接解决方案），然后展示它与这个产品类别中其他产品的差异点（更简单、可靠的数据连接方式）。将品牌置于一个特定的类别中意味着，这个品牌与该类别中的产品具有一些相似性，但是品牌差异点能够说明这个品牌的优越性。

你应该在每个客户接触点以不同但恰当的方式，让客户可以一致性地感受到你定位中陈述的价值。例如，黑莓的营销部门在传播这个价值时，其传播策略应该是让客户知道 "黑莓使用时更简单、可靠"，营销部门可以通过广告、公关、人员销售、直接营销、社交营销等手段，让客户感受到产品在使用时比竞争对手的更简单、可靠，客户遇到问题寻问客服人员时，客服人员也应该让客户感受到更容易解决问题、更可靠地解决问题。（更多信息，请参考后文 5.3.2 "品牌传播" 一节的内容。）

案例 4.6　借助金融社保一卡通，滨州市推动人社政务进村居

💲 案例背景

近年来，乡村振兴一直是国家战略部署的重点。农村是中国社会发展的 "压舱石"，却也是国民经济发展中的弱势板块。长期以来，农村地区的经济发展受制于人口老龄化、文化程度低等问题，与市场经济相去甚远，针对农民的人社服务覆盖也相对薄弱。然而，随着金融科技等新兴技术的兴起，技术+终端的组合成为新的解题思路。

2019 年 11 月，滨州市开展 "人社政务进村居，服务村居零距离" 行动，意图通

过"互联网+"推动人社服务向基层延伸，使其变得更智慧、更温情。

和大多数农村地区一样，滨州市辖内的多个村都存在人口老龄化、文化程度偏低、留守妇女儿童居多的区域性特点，导致区域内信息化发展缓慢，不利于基层人社服务业务的推广。以往基层人社服务业务只能在县内的人社所办理，村民往返一趟需要数千米，极为不便。而仅仅是一次医保缴费，就需要依靠大量基层工作人员才能完成，不仅人力成本高，还容易出现错误和遗漏。

为了解决村民办理社保、医保等业务多头跑、多次跑的难题，滨州市设立了村级人社服务站，上线"人社自助服务一体机"，打造"一体化"服务平台——"滨州市人社乡村服务平台系统"，将服务下沉到村居，让村居代办员帮助上网不便、行动不变的村民办理业务，在全面解决基层人社服务"最后一千米"问题的同时，推动振兴乡村、便民惠农战略的实施。滨州"人社自助服务一体机"如图4-16所示。

图 4-16 滨州"人社自助服务一体机"

案例分析

滨州市通过设立村级人社服务站，上线"人社自助服务一体机"的方式，将产品的差异化定位传播到村民家门口。

上述案例可借鉴的实战经验如下所述。

- 一个产品的定位应该在市场环境中不断调整、完善，即一开始无法完全定位准确是可以接受的。
- 定位不一定必须与产品功能属性相关，也可以利用一些与产品功能属性无关的因素建立定位。
  - 基于客户的动机，创建有吸引力的形象。众多奢侈品，如爱马仕、LV、

Chanel 等，产品本身并没有太明显的差异化，但它们通过产品在客户心中形成的各不相同的有吸引力的形象，使其成为领军人物。

■ 用服务创造差异化，如上面的咨询公司 A 的案例。

■ 用品牌创造差异化，如德青源鸡蛋。

● 公司必须随时间的推移密切观察和调整自己的定位，使其适应客户的需求和竞争对手的策略变化。

● 公司一旦建立了希望得到的定位，它必须通过一致的表现和宣传用心维持这种定位。

● 品牌标语只描述了产品质量中不同于竞争对手的特点，没有描述价格的特点。因为价格是很容易在人们心中形成定位和传播这种定位的，不需要额外宣传。而产品的感知因人而异，是需要营销宣传的。

● 品牌标语在不同的广告中针对不同的受众，需要选择符合受众日常表达习惯的语言和方式。

● 4P 选择都需要跟定位相符合。

■ 现在 20 万～30 万元可以买到一些高端品牌的车，损害了其高端定位的形象。

■ 农夫山泉通过高级设计师重新设计了像艺术品一样的瓶子，提高了其定位形象。

■ 爱马仕用专营渠道，保持其高端定位形象。

■ 拼多多用大量促销活动，保持其物美价廉的定位形象。

● 如果你是一个市场新的进入者，你可以先利用品类的共同点，让客户快速知道你是干什么的。例如，一个刚成立的咨询公司是这样宣传自己的："麦肯锡的品质，中国本土的价格。"

第5章
差异化战术落地

本章内容

❑ 营销战略与产品生命周期
❑ 服务类产品的营销策略
❑ 品牌管理
❑ 价格制定和调整
❑ 传递价值的网络

本章案例

❑ 案例 5.1 职业恶意投诉人"碰瓷"小型非银行支付机构
❑ 案例 5.2 Start Network 用区块链解决慈善的信任黑洞
❑ 案例 5.3 Wirecard 发展始末的全透视
❑ 案例 5.4 小微银行生态差异化对我国数字银行发展的启示
❑ 案例 5.5 哔哩哔哩支付品牌来了
❑ 案例 5.6 五家境外金融机构的品牌传播策略
❑ 案例 5.7 中原银行的品牌定位
❑ 案例 5.8 "烟商 e 贷"畅通小微企业融资渠道
❑ 案例 5.9 PayPal 的反洗钱情结
❑ 案例 5.10 51 信用卡的暴力催收引发严监管
❑ 案例 5.11 ofo 消失背后的渠道失误

5.1 营销战略如何适应产品生命周期的各个阶段

一个产品的生命周期通常包含四个阶段，它们是导入、成长、成熟和衰退。我们可以从销量、成本、利润、客户和竞争对手的角度，阐述每个阶段的特点。企业的战略、策略、定位、营销、战术需要在产品生命周期中，随着产品、市场及竞争对手的变化而变化。为什么呢？因为任何一个产品的生命都是有限的，这个产品没有了，对应的战略、战术当然要变化。产品销售会经过不同的阶段，每个阶段都对营销人员提出了不同的挑战，机遇和危机并存。在产品生命周期不同的阶段，产品利润有高有低；在产品生命周期不同的阶段，产品需要不同的营销、财务、制造、购买和人力资源战略。产品生命周期特点如表 5-1 所示。

表 5-1　产品生命周期特点

| 特　　点 | 生 命 周 期 | | | |
	导入阶段	成长阶段	成熟阶段	衰退阶段
销量	低销量	销量迅速增长	销量高峰	销量下降
成本	单位成本高	单位成本一般	单位成本低	单位成本低
利润	亏损	利润上升	利润高	利润下降
客户	创新者（瞄准最迫切的购买者）	早期使用者	中间大多数	落后者
竞争对手	极少	数量逐渐增加	数量稳定，开始下降	数量减少

那么，我们应该如何调整产品（组合）进入市场后的营销战略呢？适应产品生命周期的营销战略三步法如图 5-1 所示。

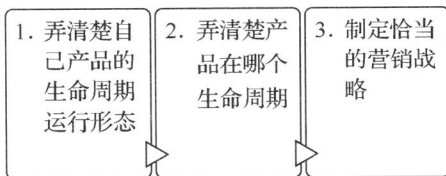

图 5-1　适应产品生命周期的营销战略三步法

案例 5.1　职业恶意投诉人"碰瓷"小型非银行支付机构

案例背景

近年来，在政府严监管下，很多在行业夹缝里艰难求生的小型非银行支付机构为了获取高额的利润链而走险，为非法网站等提供资金结算服务。例如，2019 年 2 月，山东德州警方公布一起特大网络赌博案，参赌人员涉及 27 个省份、23 万多人，赌资流水高达数百亿元，而参与其中的小型非银行支付机构多达 12 家。

当然，小型非银行支付机构的这一"弱点"也成为职业恶意投诉人"钓鱼"的目标，他们大多以高收益灰色网站吸引小型非银行支付机构与之建立合作，当有机构上钩后，他们再通过另一波"工作人员"进行投诉。此时，小型非银行支付机构进退两难，大多数会选择支付赔偿金。

如今，披着"打假""维权"外衣的恶意投诉已发展成为较为完整的灰色产业链，存在于许多行业中。从服务企业端的支付机构到服务用户端的食品餐饮企业均成为职业恶意投诉人的攻击目标，而大部分受害对象为了尽快平息事端、维护企业形象，往往选择大事化小、小事化了，支付给职业恶意投诉人相应的"赔偿金"，从而导致了恶意投诉灰色产业的延伸和壮大，严重影响各行业的健康发展。

案例分析

职业恶意投诉人为什么能存在？一方面，市场对于如何区分职业恶意投诉人、如何设定投诉门槛存在一定的分歧；另一方面，反映了小型非银行支付机构的发展生命周期已进入成熟阶段，产品同质化严重。在严监管下，小型非银行支付机构想要在夹缝里求生存、赚取高额的利润，越来越困难。

因此，想要净化投诉维权之路，需要社会各方的努力，在对职业恶意投诉行为予以零容忍态度的同时，加强对普通大众正常维权的保护。此外，鼓励小型非银行支付机构在成熟的市场上积极寻求产品创新，从正规的市场竞争中寻找发展机遇。

首先，弄清楚自己产品的生命周期运行形态。当一个新产品进入市场时，产品和市场的导入阶段就开始了。如果早期使用者喜欢这个产品，产品销售就会良好，产品将进入成长阶段。接着，其他客户开始购买这个产品，这吸引了新的竞争对手进入市场。他们推出新的产品特色，并扩展分销渠道，这让市场也进入成长阶段。当某个时间到来时，市场整体销售额增长率放缓，这时主要细分市场被竞争对手占领并为客户提供服务，产品和市场进入成熟阶段。随着现行产品的市场需求的下降，即市场整体销售额和利润的下降，一些公司会选择在这个时候退出市场，留下来的公司也会减少产品数量，因为除非有非常充分的理由，在一个衰退的市场中保持产品销量对公司来说代价是很大的，这时产品和市场进入衰退阶段。

其次，弄清楚产品在哪个生命周期。大部分产品的生命周期收入曲线是正态分布，如图 5-2 所示。但不是所有产品的生命周期收入曲线都是类似于正态的分布，还有其他三种常见的生命周期收入曲线。

第一种如图 5-3 所示，这类产品刚导入市场时销售额快速增长，然后维持在一个小幅波动的水平状态。这类产品一般是低频产品，如彩电和冰箱等大型家电。这类产品生命周期后期的销售额主要来源于较少的新增客户和粉丝的产品更新换代需求。因此，这类低频产品一定要有好的口碑，否则后期的收入曲线就无法维持一定水平。

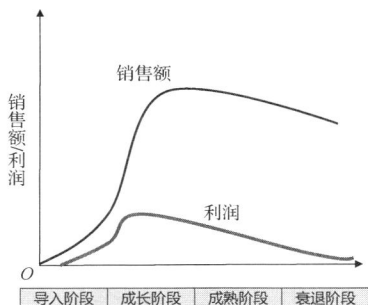

图 5-2　生命周期收入曲线 1

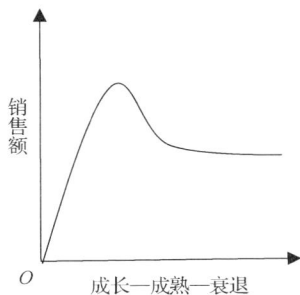

图 5-3　生命周期收入曲线 2

第二种如图 5-4 所示，常见于制药企业，其产品是中频产品。当制药企业推出新药时，就会产生第一个上升周期，随后销售额下降；于是企业开始进行宣传活动，就会产生第二个上升周期，但通常强度和持续性都较第一个小。因为通常新药上市时，大部分目标客户都覆盖到了。

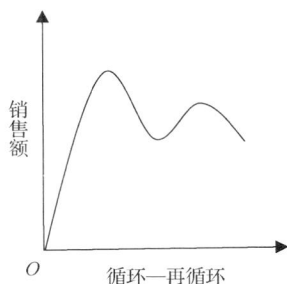

图 5-4　生命周期收入曲线 3

第三种如图 5-5 所示，销售额基于新产品的特征、用途和客户的发现，经历一波波的新的增长动力。例如，棉花可用来制作各种衣服、家具布、工业用布，棉花种子可制作棉籽油，提油后的饼渣或籽仁还可以当作家禽和家畜的饲料。

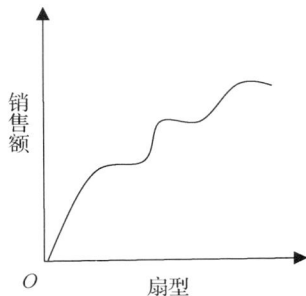

图 5-5　生命周期收入曲线 4

最后，制定恰当的营销战略。营销人员需要从三个不同的维度综合考虑：市场生命周期、产品生命周期和企业在市场中的地位，如图 5-6 所示。

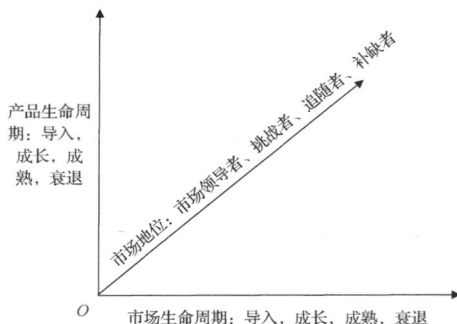

图 5-6　营销战略选择工具

　　按照市场生命周期和企业在市场中的地位确定营销战略。例如，若你的企业是一家小公司，因为资源有限，你的战略应该是集中力量打歼灭战，把有限的资源集中在一个仔细分析过的单一市场，这个市场最好是你有独一无二的竞争优势的市场，这样你可以在做好这个市场后，积累更多资源，稳扎稳打开发另一个新市场；若你的企业是一家大公司，但不是第一个进入市场的公司，你应该充分利用自己拥有强大资源的优势，尽可能多地覆盖客户，快速形成自己的压倒性市场优势，确保后来者的强势优势地位。当市场进入成熟阶段后，无论大小公司都需要通过更精细的分析找到新的市场或者新的机会，因为市场已知的机会都被瓜分得差不多了。无论大小公司都应该未雨绸缪，在市场衰退阶段到来之前，都应该尽早投资于未来的新技术，尽早为第二个增长曲线做好必要的准备。根据市场阶段和公司市场地位确定营销战略对照表如表 5-2 所示。

表 5-2　根据市场阶段和公司市场地位确定营销战略对照表

市 场 阶 段	市 场 特 点	根据公司市场地位选择合适的战略
导入阶段	当一个新产品进入市场时,产品和市场导入阶段就开始了	第一家进入的公司：小公司资源有限，选"单一补缺战略"；大公司选"大众市场战略"或"多重补缺战略"
成长阶段	如果产品销售良好,产品将进入成长阶段	对于后进入市场的公司：小公司资源有限，选"单一补缺战略"；大公司选"大众市场战略"或"多重补缺战略"，最终很可能和第一家公司均分市场
成熟阶段	主要细分市场被竞争对手占领并提供服务,产品和市场进入成熟阶段	市场在分裂和再结合之间摆动：竞争带来市场分裂，创新带来市场再结合，合适的战略是争抢新的细分市场
衰退阶段	现行产品的市场需求开始下降,产品和市场进入衰退阶段	总需求水平的下降往往是新老技术交替的开始，合适的战略是抢占新技术

注：单一补缺战略是指公司将其品牌定位于市场的某一个细分市场，大众市场战略是指公司将其品牌定位于满足尽可能多的客户需求，多重补缺战略是指公司推出两种或多种产品占领市场上还没有被占领的多个细分市场。

案例 5.2　Start Network 用区块链解决慈善的信任黑洞

案例背景

近年来，慈善负面新闻背后，主要是不法分子打着公益旗号，借口做慈善，牟取不当利益，或者侵吞爱心人士的钱款，由此挫伤了公众的捐款热情，降低了公众对慈善的信任。

而作为慈善活动分支的众筹领域互助保险，在传统运作模式下，存在平台方作弊、监管难度大、公益善款与账目不透明等问题，导致公众缺乏信心，信任无法传递。对此，区块链技术将每个交易方变成网络中的一个节点，各个机构的各项资产、产品以数字化的形式在网络中体现，并解决机构互信问题，形成统一的联盟，实现资金流向可追溯、信息公开透明、全网信息共享。同时，基于分布式账簿，实现防篡改、流程透明可追溯，规避了内部作弊风险。

2017 年 8 月，英国的 Start Network 汇集了 42 个知名慈善机构，如乐施会（Oxfam）、国际关怀组织（Care International）和救助儿童会（Save the Children），与社会企业创业公司 Disberse 合作，使用区块链技术追踪资金的流向，以透明、迅速的方式减少资金损失，并降低资金滥用的风险，使资助能最大限度地发挥作用，从而对纳税人和受援者负责。

案例分析

众筹慈善行业目前正处于成长阶段，而 Start Network 在上述案例中所使用的战略是大众市场战略，也就是公司将其品牌定位于满足尽可能多的客户需求。

针对在传统运作模式下，众筹领域互助保险存在的风险和痛点，Start Network 通过大众市场战略给出了解决方案。

营销战略确定后，需要从产品生命周期角度考虑营销战术。营销战术主要包含两个方面：你要实现的营销目标是什么？具体如何实现它？表 5-3 提供了详细的思路，帮助你制定适合产品生命周期的营销战术。例如，你的企业是一家大公司，处在行业的成长阶段，你应该采用的战略是"多重补缺市场"，你用产品 A 进入市场 A、用产品 B 进入市场 B，接下来你需要对每个细分市场制定具体的营销战术。假设产品 A 在市场 A 中处于成长阶段，你的营销目标应该是市场份额最大化，手段是提供产品的扩展品、服务和担保，利用"市场渗透定价法"制定价格，建立密集分销渠道，在市场中扩大知名度、引起大众的兴趣，然后充分利用有大量客户需求的有利条件，适当减少促销。

表 5-3　基于产品生命周期确定营销战术对照表

特　征	生　命　周　期			
	导入阶段	成长阶段	成熟阶段	衰退阶段
销量	低销量	销量迅速增长	销量高峰	销量下降
成本	单位成本高	单位成本一般	单位成本低	单位成本低
利润	亏损	利润上升	利润高	利润下降
客户	创新者（瞄准最迫切的购买者）	早期使用者	中间大多数	落后者
竞争对手	极少	数量逐渐增加	数量稳定，开始下降	数量减少
	营　销　目　标			
	创造产品知名度，提高产品试用率	市场份额最大化	保护市场份额和使利润最大化	消减支出和榨取品牌价值
	营　销　战　术			
产品	提供基本产品	提供产品的扩展品、服务和担保	品牌和型号多样化	淘汰衰退品牌
价格	成本加成法	市场渗透定价法	模仿或打击竞争对手的价格	降价
渠道	建立选择性分销渠道	建立密集分销渠道	建立更加密集的分销渠道	有选择地淘汰无利润的分销渠道
广告	在早期使用者和经销商中建立产品的知名度	在市场中扩大知名度、引起大众的兴趣	强调品牌的差异和利益	减少到保持绝对忠诚者的水平
促销	大量使用促销来吸引大众试用	充分利用有大量客户的有利条件，适当减少促销	加强促销，鼓励品牌转换	降到最低水平

通过表 5-3，我们对基于产品生命周期的营销战术有所了解，下面介绍更多基于产品生命周期的实战技巧。

1．导入阶段

第一，尽可能第一个进入市场，否则你将面临如下局面。

- 晚进入六个月但预算及时者在前五年平均减少利润 33%。
- 产品及时进入但预算超过 50%者，仅减少利润 4%。
- 市场开拓者拥有的市场份额比早期追随者与后来者要高很长一段时间。
- 第二个进入市场的人，只能获得开拓者市场份额的 71%，第三个只能获得 58%。

第二，如何确保成功？

- 早期品牌通常应该定位在市场的中间，以便产品定位满足大部分人的需求，从而抓住更多的使用者。
- 让某些人使用你的产品并感到满意，这样早期使用者就偏好你的品牌，带来裂变效应。

- 尽可能让你的品牌成为同类商品等级评判的标准。
- 利用好规模经济，保持技术领先，占有、拥有稀有资源以提高其他竞争对手的进入壁垒，从而获得更大的先发优势。

第三，降低失败概率的一些方法。

- 产品不能过于粗糙。
- 定位一定要恰当，不能太超前。
- 避免产品开发成本耗尽你的资源。
- 提早准备与后进入的大公司竞争的资源。
- 避免管理不完善或骄傲自大。

2. 成长阶段

公司如何提升市场份额？

- 持续改进你的产品质量，增加产品的特色和样式。
- 进一步进行市场细分。
- 提高选择目标市场的准确率。
- 进入新的分销渠道。
- 广告从产品知名度转移到产品偏好上。
- 在适当的时候降低价格，以吸引对价格敏感的购买者。

3. 成熟阶段

第一，扩大使用者。

- 在现有细分市场开发新客户：让还没有用的潜在客户用，争取竞争对手的客户。
- 发现新的细分市场中的新客户，即开发新的细分市场。

第二，提高使用频率。

- 促使现有客户更频繁使用或者增加每个产品的使用量。
- 改进产品的用途，吸引新客户。

第三，改变营销组合的一个或几个要素来增加销量，销量增加技巧如表 5-4 所示。

表 5-4　销量增加技巧

价　　格	降价拉新	特价拉新	折扣拉新	提价显示质量较好
渠　　道	现有渠道的更多陈列位	新渠道（原有类型）	新渠道（新类型）	—
广　　告	增加广告费	提升广告内容吸引力	换媒体	换宣传方式：时间，地点，频率，规模

续表

促 销	测试最佳方式			
人 员 销 售	数量增多，质量提高	重新划分区域	改变激励方式	改变销售访问方式
服 务	缩短交货时间	扩大技术支持力度	更多信贷	—

4．衰退阶段

第一，衰退阶段如何选择策略？

- 首先判断是否是行业在衰退。
- 若行业没有衰退，判断自己哪些产品（线）处于衰退阶段。若自己产品在衰退阶段，则对其执行收获或者放弃战略。行业、公司吸引力判断方法如表 5-5 所示。

表 5-5　行业、公司吸引力判断方法

	公司在这个行业有竞争力	公司在这个行业无竞争力
行业已经没有吸引力	对公司的投资收获或榨取，以便快速回收现金	尽可能用有力的方式处理资产，迅速放弃该业务
行业还有吸引力	增加公司投资，使其处于支配地位或争取一个有力的竞争地位	公司有选择地降低投资姿态，抛弃无利润的客户群体，同时加强对有利可图的补缺领域的投资
行业是否有吸引力不明朗	公司保持原有的投资水平	

第二，如何执行收获战略？

- 维持销售额。
- 减少成本，减少研发投资，减少生产线投资。

第三，如何执行放弃战略？

- 若分销能力强大或者品牌好，就尽量卖一个好价钱。
- 若卖不掉，则需要根据具体情况判断，是迅速处理还是缓慢处理对公司更有利。

案例 5.3　Wirecard 发展始末的全透视

案例背景

2020 年德国金融科技巨头 Wirecard 财务造假事件被世人所关注，这次财务造假事件的开端是 2020 年 6 月 18 日安永指出其本应存放在亚洲银行中的 19 亿欧元无法被核实，这笔资金约占 Wirecard 资产负债表总额的 1/4，而这部分资金很可能并不存在。

从 Wirecard 的发展史来看，大致可以分为四个阶段。

首先是初始阶段，即 1999—2003 年的导入阶段。Wirecard 凭借模仿 Paypal 起家，曾在 20 世纪末的互联网泡沫中遭受重大打击。白衣骑士布劳恩（Braun）加入 Wirecard 后，及时扭转局面。2002 年，Wirecard 通过收购 IT 外包公司 InfoGenie 在德国上市。同时，Wirecard 还为在线赌博等"灰色地带"提供支付服务，以此获得高额利润。

其次是收购扩张阶段，即 2004—2008 年的成长阶段。Wirecard 首先推出了网络支付和自动化业务，并将其认定为公司的核心业务。当时，德国消费者更倾向于使用传统现金、银行卡等，但布劳恩看到的却是亚洲地区在网络支付领域的潜力，并将此作为其核心业务的参照标的。接着在 2006—2008 年，Wirecard 在德国国内大肆开启了收购扩张的进程，其中包括收购 XCOM 银行业务，加入 Visa、MasterCard 网络等。在业务规模迅速扩张后，Wirecard 曾一度将自己定位于德国的 JCB（日财卡），形成了以 IT 外包、网络支付、发卡和银行资金业务为基础的多重业务组合，为之后一系列扩张、运作奠定了基础。

再次是挺进国际市场阶段，即 2009—2018 年的成熟阶段，同时是风险隐患逐步加剧的阶段。德国乃至整个欧洲市场的网络支付、移动支付的渗透率相对较低，布劳恩早早瞄准了更具潜力的亚洲市场，2009 年挺进亚洲并开启收购之旅，布局菲律宾、新加坡、迪拜、印度尼西亚等，树立起国际支付公司、"民族之光"的品牌形象。2018 年，Wirecard 再次抓住机会，将科技服务作为未来驱动型业务，寻求金融科技转型。

最后是泡沫破灭阶段，即 2019 年之后的衰退阶段。受 2020 年爆出的丑闻影响，布劳恩于 2020 年 6 月 19 日辞职，并在 6 月 23 日因"操纵市场"的罪名在德国慕尼黑被捕，后被保释。同时，国际评级机构穆迪将 Wirecard 的信用评级从"Baa3"直接连降 6 级至"B3"。6 月 25 日，德国慕尼黑法院收到 Wirecard 的破产申请，Wirecard 表示无力偿还 6 月底到期的 13 亿欧元债务，唯有申请破产。德国金融科技巨头 Wirecard 申请破产如图 5-7 所示。

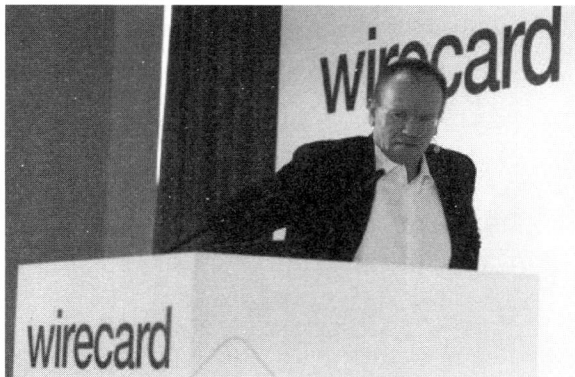

图 5-7　德国金融科技巨头 Wirecard 申请破产

案例分析

通过产品生命周期导入、成长、成熟、衰退四个阶段来分析，Wirecard 的风险隐患在其成熟阶段就已埋下，所谓月满则亏、盛极必衰，这是千古不变的道理。

在挺进国际市场阶段，即 2009—2018 年的成熟阶段，Wirecard 的业务布局越来越广，同时导致业务本身的透明度进一步降低，增加监管难度。2019 年，Wirecard 宣布收购中国支付机构商银信；随后不久，2020 年 4 月 30 日，商银信因 16 项违法行为被中国人民银行罚没合计 1.16 亿元。在业务端，商银信与 Wirecard 存在很多相似之处，比如为"灰色地带"提供支付服务、挪用备付金等，或许是这种相似让两者"结缘"，只是前者在我国支付行业严监管之下付出了代价，而这似乎也提前映射了 Wirecard 之后的结局。

Wirecard 的案例让我们更加确定了在产品生命周期的不同阶段，既要做好当下阶段的事情，也要为下一个阶段做好风险储备，未雨绸缪。

5.2　服务类产品需要考虑的因素和特有的营销策略

2019 年，中国服务业对 GDP 的贡献已经超过 50%。越来越多的服务公司发现，在有形产品很容易被竞争对手模仿的今天，服务的差异化可以使其领先地位保持更长时间，如海底捞的成功。

服务行业种类繁多，有非营利机构，如学校、医院、警察、法院、居委会、博物馆、慈善机构等；也有营利机构，如银行、酒店、航空、电影、网约车、咨询机构等。菲利普·科特勒对服务的定义：服务（Service）是一方能够向另一方提供的无形活动和利益，并且不产生任何所有权。服务的产生可能与某种有形产品联系在一起，也可能毫无关联。

5.2.1　如何界定和分类服务

按照服务在提升客户价值中的重要性从低到高，我们可以把服务分为五种类型：第一，有些有形产品不带有服务，如鸡蛋、烟、酒、糖等产品；第二，大部分有形产品都伴随着某种服务，如家具、电器、汽车、电梯、医疗设备等，这些产品提供附加服务的目的在于提高对客户的吸引力，与竞争对手进行差异化竞争；第三，服务是和有形产品结合在一起带给客户某种利益的，服务不隶属于这个有形产品，但必须和这个有形产品结合在一起才能满足客户的需求，如酒店里硬件设施的软件服务构成了酒店给客户提供的价值；第四，在提供给客户的价值中，服务为主、有形产品为辅，如精油按摩、足浴，按摩技师的手法是服务的核心价值所在，但也需要借助水、精油、毛巾、木桶等有形产品；第五，完全是服务，如网上银行。

服务有四个与有形产品不同的特点，这些特点是营销人员在设计营销方案时必须时时刻刻提醒自己注意的内容，因为这四个特点对营销方案的效果影响很大。首先，服务的无形性。客户在购买之前无法感知服务的质量，所以营销人员在设计营销方案时需要"化无形为有形"，目的是降低不确定性，让客户可以寻找衡量服务质量的"信号"。例如，让客户通过看得到的地点、人员、价格、设备等得出关于服务质量的结论。其次，服务的不可分割性，即生产和消费同时发生，这意味着客户的反应也会影响服务质量。例如，病人行为如果让医生不舒服，医生可能无法 100% 专注于看病，影响其服务的水平。因此，营销方案就需要考虑到如何保证客户对服务质量的影响往好的方向发展。再次，服务的易变性，即质量取决于是谁，在什么时候，什么情况下，提供怎样的服务。因此，营销方案就需要尽量标准化服务质量，如服务流程标准化。最后，服务的易逝性，即不能被存储以备将来出售。客户对提供服务者是谁极为关心，这就是为什么看病大家都想挂专家号，但提供者（如专家）的时间是有限的。作为营销人员，你有两个选择：当供不应求时，服务的价格上涨（如特需门诊 200～300 元），但价格上涨可能会导致客户数量减少；或者增加单位时间可以服务的客户数量，但专家可能无法保证服务质量的一致性，也会导致客户数量减少，所以营销方案需要在两者中找到平衡点。

基于服务的四个特点，布恩斯和比特纳建议服务营销需要在 4P 以外多考虑三个因素，它们是人（People）、流程（Process）和实体证明（Physical Evidence），如外观、服饰、谈吐、行为等。

5.2.2　服务公司如何寻找差异化

服务公司需要寻找差异化竞争点，这些差异化竞争优势通常体现在五个方面：通过优良的员工甄选培训、提供优质的工作环境和对服务客户的员工的强有力支持，打造优质的内部服务质量；建立更加满意、忠诚和勤奋的员工队伍；提供更有效率、效果的客户价值；提高客户的满意度、忠诚度、重复购买率；提高公司的利润，创造一流的绩效。

那么，服务公司如何实现差异化呢？

服务公司对内采取内部营销和交互式营销。内部营销指有效地训练和激励公司中与客户直接接触的员工及所有的服务支持人员，使其能通过团队协作提供令客户满意的服务。营销人员必须使公司的每个员工都做到以客户为中心。实际上，内部营销必须先行于外部营销，不然外部营销做得越早，损失的客户就越多。另外，营销人员必须掌握交互式营销的技能，这是由服务的不可分割性、易变性决定的。服务公司对外需要满足客户功能上差异化的需求，提供更可靠的服务、更灵活的服务和更创新的服务。在"化无形为有形"方面，可以利用符号象征和品牌。

案例 5.4　小微银行生态差异化对我国数字银行发展的启示

$\$$ 案例背景

银行天生就是与数字打交道的机构，注定终日与数字和货币为伍。数字银行（Digital Bank）并不等同于所谓的虚拟银行，它相当于再造一家实体银行，拓展了银行的服务渠道，提升了银行线上和线下的"双元"经营能力。早在 20 世纪 90 年代，我国的数字银行就开始萌芽并逐步兴起，其发展可以划分为六个阶段。

萌芽阶段（1995—2000）：涅槃重生后的数字化反思。20 世纪 90 年代中后期，我国各大国有银行经历"技术破产"的涅槃重生后，意识到数字化、线上化对集中管理、统一标准和客户服务的重要性，纷纷在 21 世纪初开始数字化转型。1997 年，招商银行率先提出网上银行"一网通"，一度成为国内网银市场的引领者。

起步阶段（2001—2005）："非典"疫情对线上业务的推动。2001 年后，数字银行迎来了快速发展的时期，"非典"疫情、中国加入 WTO 等几大事件推动了传统银行线上业务的转型。

成熟阶段（2006—2010）：客户排队对自助银行的完善。2006 年，中国银监会出台《电子银行业务管理办法》，标志着数字银行建设趋于规范化、标准化、系统化。银行客户排队问题突出，一度成为社会关注的焦点。对此，各大银行通过自助渠道进行了优化分流，一方面加大了 ATM 等自助设备的布局，另一方面扩展了网上银行、电子银行的业务。

再造阶段（2011—2012）：手机银行对数字银行的淬火。2011 年，随着智能手机的推陈出新，商业银行几乎借助手机银行重构了新的数字银行，手机银行、微信银行强势崛起。

冲击阶段（2013—2015）：第三方支付对网上银行的冲击。2013 年被称为"互联网金融元年"。一方面，以余额宝为代表的互联网金融崛起；另一方面，政府对新兴事物给予宽容度，鼓励其在创新窗口"跑马圈地"，尝试各类应用场景和平台创新。

反思阶段（2016—2021）：对中国式效率和质量的反思。2016年是"互联网金融监管元年"，其标志首推由银监会、工信部、公安部、网信办共同发布的《网络借贷信息中介机构业务活动管理暂行办法》，该办法意味着互联网金融"野蛮生长"的现象得到必要规范，引导网络金融服务走向正轨。

接下来，我国数字银行该如何发展？类似于生物根据自身特征对环境区位的不同选择，各银行由于自身规模、类型的不同，发展模式也存在差异。例如，在小微银行中，中关村银行定位于开放式生态型科技创新特色银行，与中关村小微企业共成长；温州民商银行的股东全部是温州本土民营企业，该银行主要为温州小微企业、个体工商户提供普惠金融、供应链金融服务。这些模式对我国数字银行的差异化发展可能有所启发。

案例分析

小微银行有不同的优势，案例中所说的中关村银行和温州民商银行都具有区域特色，采用的是市场细分战略。像深圳前海微众银行、杭州网商银行则分别以微信、QQ和支付宝、淘宝、天猫等大型电商平台为后盾，通过庞大的高质量数字客户群开展业务，这类银行是借助平台渠道迅速拓展线上业务。

而以城商行、农商行为代表的中小银行存在"生态位"重合叠加的问题，从而导致中小银行可能既要与国有银行、股份制银行等大中型银行竞争，又要面临同类城商行、农商行甚至村镇银行的挑战，所以中小银行需要考虑如何基于当地企业和个人客户存在的差异化金融需求，利用区位优势来发展业务和创新产品。

总之，类似于生物根据自身特征对环境区位的不同选择，各银行由于自身规模、类型的不同，发展模式也存在差异。因此，未来的数字银行要采取不同的方式，实现差异化的数字化目标。

服务公司要把内外营销工作落地，需要解决五个层次的问题。第一，管理层不了解客户真实的期望。在现实中，不是每个管理人员都能正确认识客户的需要，这导致了客户期望和管理责任制之间的差距。例如，银行卡管理层考核基层开卡数，但客户关注的是信用卡的便捷性。这个差距一旦出现，大方向上就不对了，而且会越来越偏离。第二，管理层没有制定服务标准。在现实中，经常出现管理层可以正确认识到客户的需要，但没有建立特定的标准。例如，医院管理者告诉护士服务要快捷，但对快没有具体标准。第三，制定的标准不能被准确执行，即服务质量规范和实际服务提供程度之间的差距。工作人员可能缺乏训练或劳累过度或没有能力，或者不愿意满足该标准或标准本身是相互抵触的。例如，既要耐心听客户反映，又要服务的快。第四，客户预期被误导，即实际服务质量与对客户传播的质量之间的差距。请注意：营销人员在营销活动中所说的任何信息，客户都当成公司的承诺，并期望得到和营销活动中所做的承诺一致的价值。第五，客户对信息传播的选择性曲解或记忆性曲解，即认知服务与期望服务之间的差距。该差距是指客户衡量服务的标准不同或没有感觉到该服务的质量。客户对服务质量的预期由过去的感受、口头传闻和广告宣传构成，即预期服务。例如，许多售后回访电话都被客户解读为形式主义，而不是增值服务。

若要解决上面五个问题，在具体实践中，大家可以参照下面这些做法。

- 管理层多多深入一线，做到十分了解客户需求，然后制定对应战略。
- 管理层要亲自考核基层人员的服务成绩，并用客户重要性和服务绩效两个维度矩阵来衡量。"客户保留率"也是衡量质量的好办法。
- 建立有效的机制应对客户的投诉，具体内容如下所述。
  - 制定和完善员工的固有标准和培训计划，这些标准和培训计划充分考虑了员工在碰到客户对公司服务和产品不满意时应该做的善后工作。
  - 制定善后工作的指导方针，目标是保证公平和使客户满意。
  - 去除那些使客户投诉不方便的障碍，建立有效的反应机制，包括授权给员工，让他们有权对公司有瑕疵的产品和服务对客户做出赔偿。
  - 维系客户和产品数据库，这样公司可以分析客户投诉的类型，并且相应地调整公司的政策。
  - 优质的服务补救，可以将愤怒的客户转变为忠诚的客户。事实上，与一开始就完美无缺相比，好的补救更能赢得客户的好感和忠诚。道歉包含三部分基本内容：诚恳的道歉，对事件发生的简要说明，作为补偿的礼品。
- 建立客户自我服务技术，具体内容如下所述。
  - 互联网的 UGC（用户创建内容），如今日头条、知乎、维基百科等。
  - 论坛，如小米社区。
  - FAQ、知识库等教育资料。
  - 三维试穿。
  - 在线医生等。

5.3　品牌管理

品牌可以使买卖双方以更低的成本达成交易！

品牌的实质是你对你的客户的一种承诺——特征、利益和价值观。承诺带来信任，信任建立了成交的基础、降低了决策的成本。简而言之，品牌可以使买卖双方以更低的成本达成交易（成交=信任+降低决策成本）。一个交易达成前，客户因为某种未被满足的需求会在市场中寻找可以满足其需求的提供物。如果你的提供物恰巧是可以满足其需求的众多提供物中的一种，客户如何才会和你达成交易呢？首先，客户需要知道你的存在，并知道你的提供物可以满足其需求，你还需要让客户在众多提供物中对你的提供物情有独钟；接着，你要想尽办法降低客户做出购买行为的成本，确保客户使用你的提供物后的体验和没有使用前产生情有独钟的预期一致甚至更好。这个复杂的过程在没有品牌的帮助下，需要大量的人力和资源，更可怕的是每个交易都需要重复这个过程。如果你有一个品牌，客户看到这个品牌，就能联想起这个品牌带给他/她的所有感觉、观点和记忆，这个过程可能在瞬间完成。橙子就是橙子，除非它冠以"褚橙"。你看到"褚橙"，可能会联想到"好剥皮的橙子""酸甜可口""大小一致""天然健康"。在购买前者时，你需要经过前面描述的过程；在购买"褚橙"时，你需要的仅仅是重复下单。

如果没有品牌的区分，客户可能记不住或者记不对你是谁。你在推广上花的钱效率低，你的产品营销成本高（拉新成本高和留存困难），经济不好时你的抗风险能力弱于有品牌的。如果你有一个好的品牌，在你的营销过程中，你将获得许多利益。从客户角度，你的新客户转化成本更低，客户有更高的重复购买率，打下建立稳固和有利可图的客户关系的基础；从经销商角度，你与经销商谈判时拥有更大的主动权；从竞争对手角度，你可以防御价格竞争，还可以因为高可信度让公司更容易推出新产品和进行品牌延伸。但是，如果你一不小心把一个品牌管理成了一个负面的品牌，它会加速你的公司的毁灭过程。在你不知道如何正确和专业地管理一个品牌前，我们强烈建议你不要盲目行动！

美国市场营销协会对品牌的定义为："品牌是一种名称、术语、标识、符号或设计，或是它们的组合运用，其目的是借以辨认某个销售者或者某群销售者的产品和服务，并使之同竞争对手的产品和服务区别开来。"从这个定义可以看出，你要建立一个品牌需要有品牌名称、品牌术语、品牌标识、品牌符号或设计。你建立品牌的目的是，使你的产品和服务与竞争对手的产品和服务区别开来。但并不是所有商业形式都需要品牌，例如，在菜市场的小商小贩，路边的地摊经济等，他们不需要品牌。他们提供的是标准化质量或者较低质量的产品，但售价可能低于品牌的 20%～40%，如许多蔬菜、肉类、水果、大众早点、小玩意儿等。事实上，我们身边的许多产品都没有品牌，仅仅是一个产品名或者公司名而已。

如果你的决定是需要一个品牌，那你应该知道管理品牌的专业知识。管理品牌的工作包含四个部分：品牌定位、品牌传播、品牌资产和品牌发展。

5.3.1 品牌定位

1. 确定品牌定位

定位是一种行为，由一系列影响受众心智的动作构成。品牌定位就是定义你希望你的品牌在客户心中形成什么样的感受、观点和记忆，这个定位可以帮助营销人员促使公司的潜在利益最大化。有的定位还可以帮助客户说明他/她是谁及想成为谁。

一个好的品牌定位能够说清楚三件事情：品牌用什么独特的方法实现功能属性？品牌可以满足客户的什么需求？品牌的核心价值观是什么？一旦品牌定位可以回答清楚这三件事情，营销人员的营销战略就有了指导方向，企业中的每个人也就能够理解品牌定位的含义，从而营销人员有基础要求企业中的每个人将此作为决策的依据。

这三件事情对应着品牌定位的三种层次，它们分别是品牌的功能属性、品牌的利益和品牌的价值观。换句话说，营销人员需要把这三种层次植入客户的心中，这个植入的过程会影响客户对品牌的感受、观点和记忆。例如，星巴克品牌的功能属性是高品质咖啡、舒适的座位、可上网，其品牌利益是优质个性化体验，其品牌价值观是激发并孕育人文精神。如果产品代表这个企业的品牌的话，如上面的"褚橙"，品牌的三个层次和产品的三个层次就一一对应，即产品的功能属性、利益和价值观定位就是品牌的功能属性、利益和价值观定位（产品定位有多个维度，除了功能属性、利益和价值观定位，还可以按照性价比定位，如物有所值、物超所值、物无所值，或者高档、中档、低档产品等）。若一个品牌下有众多的产品，如阿里巴巴这个品牌下，有天猫、淘宝、阿里云、蚂蚁金服不同的产品，每个产品的定位和阿里巴巴这个品牌定位就不是一一对应的关系了，而是个体和整体的关系，即天猫、淘宝、阿里云、蚂蚁金服不同的产品的定位，加上其他所有阿里巴巴客户跟阿里巴巴每个接触点带给客户的体验组成了阿里巴巴这个品牌的定位。无论一个企业是否刻意去给一个品牌定位，这个品牌都会形成一个定位，即客户心中都会形成对这个品牌的感受、观点和记忆。所以营销人员需要主动打造品牌定位，以便这个定位是符合企业利益的，否则形成的品牌定位很可能不是企业想看到的。

品牌的功能属性定位是品牌定位的最低层次，竞争对手很容易模仿，且今天让客户满意的功能属性明天就很可能变成必备的功能属性或者没有吸引力的功能属性。另外，客户通常对功能属性不感兴趣，他们感兴趣的是功能属性能为他们带来什么，即利益，如顺丰（准时送达）、小米（性价比）和拼多多（低价）。一个真正强大的品牌，不仅仅是在客户心中植入其品牌价值，更多的是其价值观，如顺丰（践行）、小米（真诚和热爱）和拼多多（本分）。强大的品牌必须影响客户的情感，而不仅仅是理智。一个好的品牌应该把品牌和某种人类情感联系起来，如松下的"ideas for life（创意生活）"、帮宝适的"我们一起成长"。

为了简洁地表达品牌定位，以便企业价值网络中的利益相关者更好地理解和传递品牌定位（引进产品的决策，制定价格的决策，广告公关的决策，甚至客服的流程、客户接待区的装饰等），引导客户能够按照你期望的方式形成对品牌的观点和记忆，我们需要基于品牌定位设计品牌标语。设计一个好的品牌标语通常需要考虑下面这些因素。

- 用 3～5 个词清晰地阐述品牌的核心和精髓。3～5 个词是为了便于记忆，清晰是为了减少选择性曲解。
- 核心说明品牌是什么不是什么，让人有熟悉感。
- 精髓就是这个品牌的独特之处，让人有新鲜感。
- 若品牌标语还能对员工起到激励作用，那就是非常不错的品牌标语了。

例如，麦当劳的"食物、亲人和欢乐"就阐述了其品牌精髓——欢乐，品牌的核心承诺——亲人一起分享食物的欢乐时光，食物是其核心，即是什么不是什么。迪士尼的"有趣的家庭娱乐"中"有趣"是其精髓，"家庭娱乐"是其核心。松下的"创意生活"中"创意"是其精髓，"生活"是其核心。如果你一时很难找到一个不错的品牌标语，你可以通过下面的原则进行设计。

- 若你的品牌延伸到不同品类的可能性比较小，你的品牌标语可以集中在差异点或者核心和精髓的阐述上。例如，作业帮的"在线教育引领者"。
- 若你的品牌可以延伸到比较多的品类，你的品牌标语可以界定你想做什么（是什么）和不想做什么（不是什么）。例如，小米手机的"感动人心、价格厚道"。

2．选择品牌元素

建立一个品牌，除了确定品牌定位，还需要确定品牌元素。任何可以帮助客户识别品牌特性的设计都可以作为品牌元素。常见的品牌元素有名称、标志、色彩、包装、标语、象征、故事、歌曲、网站、App、气味、人物、动物等。品牌元素通过影响人的五种感官（视觉、听觉、嗅觉、味觉和触觉）把品牌的形象植入客户的心中。

营销人员在设计品牌元素时，需要考虑其是否有助于客户理解品牌的含义。例如，拼多多对比京东，是否容易记忆？麦当劳对比肯德基，是否有扩展力？即当企业业务扩展时，这个品牌元素是否有好的适用性。阿里巴巴既可以用于中国业务也可以用于全球业务（好翻译），既可以用于电商业务也可以用于云业务。请记住，品牌是能注册和受法律保护的，尽管现在越来越难找到没有用过的有特色的名字、颜色等品牌元素。下面我们提供一些选择品牌元素的思路。

首先，品牌命名策略的选择。一个好的品牌名称可以大大提高产品成功的概率，表 5-6 中的品牌命名策略矩阵工具提供了四种品牌的命名策略。

表 5-6　品牌命名策略矩阵工具

不同的产品	企　业	
	有品牌名	无品牌名
有品牌名	丰田和凯美瑞	今日头条，抖音
无品牌名	Intel	不知名产品

其次，确定命名策略后需要选择品牌名称。常见的思路包含：用人名，如范思哲；地名，如厦门航空；生活方式，如可口可乐；真正有意义的名称，如作业帮；独特，如盒马。在具体操作上，你可以首先列一张清单，详细写明各种不同名称的含义，讨论它们的优点，挑选后留下少数几个，然后去数据库查重，找到没有被其他公司注册的，最后去目标客户中测试和做出最好的选择（联想测试：名称能在客户心中产生什么形象？学习测试：名称的易读性如何？记忆测试：名称的一致性如何？偏好测试：哪些名称更受客户偏爱？）。

再次，确定包装和标签这些品牌元素。现在，许多产品都有三层包装。例如，Dior 先把香水装在香水瓶中，再把瓶子装到香水盒里，香水盒外面还有一个 Dior 的产品袋。这些包装都是很好的品牌传播的工具，但不少企业既忽视了包装应该带给客户的便利性，又很少注意到包装品牌传播的价值，而过度专注于包装的精美和豪华。包装通常需要说明产品特色，并最好能具备以下特点。

- 让客户在众多的竞品中看到你、认出你、记住你。
- 执行一些推销任务，如瓶盖抽奖。
- 建立客户信心，如成分表。
- 创造销售机会，如洗发水小袋包装。
- 帮助客户再次找到你的消息，如二维码等。

包装在进入市场前需要进行一系列测试，如工程测试其耐磨性，视觉测试其清晰度和色彩协调度，经销商和客户测试其吸引力。最终的有效性需要在市场中经过实战检验、不断改进。标签可以是一个签条或者图案，标签需要有品牌识别功能、产品描述功能（如家用电器标签上的能源等级），甚至推广功能。

最后，品牌形象的选择。通常可以选择创始人的卡通形象（如肯德基老爷爷等），也可以选择创始人本人的肖像（如老干妈等，这种选择的风险是创始人去世后带来的品牌形象的影响），也可以用动物（如三只松鼠等），但还没有被使用且适合做品牌形象的动物现在越来越难找到。

案例 5.5　哔哩哔哩支付品牌来了

$ 案例背景

2021 年年初，哔哩哔哩股价突破 100 美元大关，3 年暴涨 10 倍，创历史新高，有消息称 B 站现在正忙着在香港二次上市。

股价迎来大幅上涨的同时，B 站在金融领域也有了新的动作，开始涉足支付业务，加速抢夺支付"这块蛋糕"。目前，抖音、快手、B 站三大短视频平台，在支付业务上展开了针锋相对的较量。

B 站关联公司上海幻电信息科技有限公司已经完成了对"bilibilipay.com""bilibilipay.cn"等域名的备案，与抖音申请注册抖音支付的商标类似，bilibilipay 也可看作是哔哩哔哩支付到来的信号。

对于互联网公司而言，注册商标或者进行域名备案往往是涉足支付业务的第一步，一旦有了这方面的动作，便意味着未来互联网公司很有可能推出以商标或域名来命名的支付产品或支付品牌。

对于 B 站而言，收入主要依赖游戏收入、直播与增值服务、广告收入、电商及其他收入四个板块，并且游戏业务此前是长期支柱，如今直播、广告、电商等业务逐渐崛起，B 站在构建一个更加多元化的格局。

B 站三季度财报显示，哔哩哔哩三季度营收 32 亿元，在光鲜的营收数据背后，是 B 站 11 亿元的巨额亏损。在持续亏损的状态下，B 站尝试通过支付业务打开金融领域的大门，找到更多的盈利点。

B 站三季度财报中提到，B 站现在月活达到了 1.97 亿，2019 年是 1.25～1.3 亿，基本上实现了一倍的增长。在庞大的流量下，B 站的许多业务需要支付来做桥接，尤其是直播和电商业务，更加离不开支付系统的支持。

支付是打开各项金融业务的窗口，拿下支付牌照后，互联网公司可以以此为入口，将流量变现，进一步开展消费金融、理财、保险等业务，这也是很多互联网公司常走的一条路。

> **案例分析**
>
> 哔哩哔哩支付品牌的打造，有利于其多元化格局的构建，有利于将 B 站庞大的流量变现。
>
> 哔哩哔哩支付品牌的定位，无疑与其产品定位一脉相承，即中国年轻人交流、狂欢的潮流文化和娱乐社区。

5.3.2 品牌传播

品牌传播实质上就是赋予企业或者提供物品牌力量的过程。

品牌传播分为内部品牌传播和外部品牌传播两部分。一旦品牌定位明确后，营销人员应该将其传递给企业内的每个人，因为企业内的每个人的言语和行为都影响着客户的每个接触点的感受、观点和记忆。这种影响可能有助于品牌的发展，也可能伤害到品牌的价值。

如何对内传播品牌价值呢？

营销人员可以利用"客户接触点地图"，在每个接触点后面说明你的品牌在这一接触点上与竞争对手的共同点或者差异点是什么，如何保证这个共同点或者差异点的实现，这些点的实现带给客户的利益或者价值是什么，以及它是如何支持品牌标语的。当任何需要改进的地方被定义出来后，定期的、信息一致的、反复的内部传播工作是必不可少的。

一些对内传播品牌价值的实践。

- 指派内部品牌宣传经理。
- 企业整体传播费用中应该有一部分花在内部品牌传播上。
- 内部品牌培训（有效影响客户对品牌的认知和感受的方式之一是，客户和企业员工的交流体验）。
- 定期的品牌研讨会。
- 品牌 FAQ。
- 内部官网的品牌页面。
- 选择能吸引内部员工较大注意力的时机进行内部品牌传播，如公司的业务的一个转折点的时机。

- 为每个员工创造更多机会使其参与到品牌建设中，这是激发员工主动性的一个有效方法。
- 在内部传播品牌时，最常见的两个"坑"是：
  - 品牌定位过于复杂或者宣传信息太多，员工弄不清、记不住；
  - 内部宣传的信息和外部宣传的信息不一致，员工无所适从。

当做好这些工作后，你的品牌承诺就可以真正被实现，这时你就可以放心地去对外传播你的品牌价值了。

如何对外传播品牌价值呢？

任何可以让客户感受和体验你的品牌价值的方法都可以用来传播品牌价值，如公关、广告、社交营销、客户体验、企业的员工、供应商、企业网站或者 App 等。这些传播工具传播的目的是，让客户认识你——品牌识别，知道你是干什么的——品牌知识，喜欢然后偏好你——品牌偏好，使用你——品牌体验，这是品牌传播的四部曲。

下面是对外传播品牌价值常用的方法。

第一，建立品牌知识的方法。

- 与知名事物比较。例如，"中国的马拉多纳"马上就可以让人明白，这是一个有很高天赋的中国的足球运动员。
- 选择品类共有的利益。通过宣传该品牌具有该品类一些基本的利益，容易让人知道这个品牌是什么。例如，黑猪肉会宣传它的肉香味。
- 利用产品描述词，即品牌名称后面的产品描述词，这也是传递品牌知识的常见手段。例如，苹果 iPhone、苹果 iPad，而"怕上火喝王老吉"，只是把产品描述词"怕上火"放在了品牌——王老吉的前面而已。

第二，建立品牌偏好的方法。

- 把自己的品牌和其所在品类区分开。例如，蒙牛的口号"不是所有牛奶都叫特仑苏"。
- 把自己的品牌和其所在品类的普遍痛点相联系，前提是你的品牌可以承诺解决这个痛点。例如，瓜子严选车通过"包修、包退、包换"针对二手车市场不透明、不规范的痛点建立自己的品牌偏好。

第三，建立品牌体验的方法。

- 通过提供物传递品牌的体验是最直接的品牌体验传递方式。
- 故事也可以传递品牌的体验。兰达尔·林格（Randall Ringer）和迈克尔·蒂博多（Michael Thibodeau）提出了叙事品牌化的五大元素：用词语或隐喻表达的品牌故事，从客户随着时间的推移如何被品牌吸引及他们开始与品牌发生联系的接触点方面讲述客户经历，关于品牌的视觉语言或表达，根据品牌如何吸引感官采用体验性的表达叙事方式，品牌在客户生活中扮演的角色关系。我们建议每个故事应该在背景、人物、冲突和对白的框架下填充这五大元素，如表 5-7 所示。

表 5-7　叙事品牌化的五大元素表

品牌故事创造工具	品牌故事五大元素				
	用词语或隐喻表达的品牌故事	讲述客户经历	品牌的视觉语言或表达	体验性的表达叙事方式	品牌在客户生活中扮演的角色关系
背景					
人物					
冲突					
对白					

　　品牌中文化知识带给客户的体验难以被复制，所以可以帮助企业建立顶级的领导品牌。例如，万宝路带给人们的牛仔文化的体验经久不衰。

　　另外，帕特里克·汉伦在其著作《品牌密码》中说道："人们的意识形态或者说是人们的信仰机制，到底是怎样形成的？经过研究，我们发现不仅在产品和服务方面，而且在企业、个人、运动、意识形态、社会团体等方面，经过一段时间的积累，都会在无意间自然地逐步积累起七种具体可见的信息，这七种信息构成了品牌背后的真实含义。我们在研究中发现，也许最令人感到惊讶的是，大多数企业试图向受众传递一种单一的品牌信息，实际上要引导受众对某种品牌形成特殊的偏好，必须将这七种品牌信息一一传递给他们，这样才能让他们对品牌形成一定的偏好。我们一定要记住，要传递的不是一种信息，而是七种信息。顶级品牌的打造就是向人们揭示实现顶级品牌的根本密钥，其实就是如何把这七大品牌信息组合在一起，帮助企业对品牌这一无形资产做出有效管理。这七大品牌信息分别是创业历史、信条、徽记象征、仪式、对立阵营、神奇术语和领导者。"他认为，通过这七种品牌信息的宣传，可以赢得人们对品牌的信任，人们一旦将品牌变成了一种信仰机制，企业自然就可以取得梦寐以求的所有优势。我们在传递品牌价值时，也可以用这种方法去传递品牌信息。

　　在传递品牌价值时，我们需要注意以下三点。

- 无论你在宣传上花费多少时间和金钱，你能传播的只是品牌名称（你是谁）、品牌知识（你是干什么的），以及一些品牌偏好（客户偏好你的品牌）。然而，如果你的品牌不能带给客户你宣传品牌时承诺的体验，你永远无法让客户建立对你品牌的黏性，你甚至不能让你的员工理解你的品牌承诺是什么。

- 传递品牌价值有时候会遇到功能属性和利益在客户传统认知体系中是矛盾的情况，如便宜没好货。其实，人们对两者的需求是一样的，两者都想要。如果你的提供物能够在功能属性和利益上满足客户需求，你需要让客户先相信这一点（例如，分开宣传功能属性和利益，让客户分别相信，避免一起宣传时的惯性思维阻力），然后愿意体验，一旦体验开始，客户就会用口碑帮你传递品牌价值，如 Kindle 的看书不伤眼。

- 市场份额、心智份额和情感份额这三个指标也可以用来监测品牌在市场中的表现。其中，心智份额和情感份额是先行指标，即若一个企业心智份额和情感份额高，它就能赢得市场份额。

案例 5.6　五家境外金融机构的品牌传播策略

💲 案例背景

2020 年年初，西班牙银行 CaixaBank 推出 we.trade 数字贸易平台，成为欧洲首家为企业客户提供区块链科技的银行，外贸公司使用单一连接点，以数字格式快速执行贸易运作，自动生成的智能合约将融资和支付相关联，避免企业违约、驱动业务国际化。

加拿大帝国商业银行投资的数字簿记平台 Receipt Bank，每秒从发票、收据、银行账户和账单中处理和存储小企业的 45 种新型金融数据。

英国数字银行 Starling Bank 为企业客户配备商业工具箱（Business Toolkit），用于监督现金流、追溯发票、跟踪税费和增值税拖欠额。

Visa 接连收购银行数据分享企业 Plaid、投资数据安全机构 Very Good Security，旨在同金融科技创新企业一起推出安全的金融科技产品，服务企业。

星展银行同奥迪公司及当地分销商合作，在新加坡网络贸易平台 Network Trade Platform 上完成首笔全数字贸易融资清算，处理价值 350 万新加坡元的信用证交易，将奥迪贸易融资处理时间从一周降至一个工作日。

💲 案例分析

上述 5 家金融机构的品牌传播策略各不相同，但总体上遵循上文所说的向客户群体说明品牌名称（我是谁）、客户群体（为谁）、品牌知识（我是干什么的）。例如：

we.trade 数字贸易平台（我是谁），面向外贸公司的客户群体（为谁），以数字格式快速执行贸易运作（我是干什么的）；

数字簿记平台 Receipt Bank（我是谁），面向小企业客户群体（为谁），每秒从发票、收据、银行账户和账单中处理和存储小企业的 45 种新型金融数据（我是干什么的）；

Starling Bank（我是谁）为企业客户群体（为谁）配备商业工具箱（Business Toolkit），用于监督现金流、追溯发票、跟踪税费和增值税拖欠额（我是干什么的）；

数据安全机构 Very Good Security（我是谁），面向金融科技创新企业（为谁），推出安全的金融科技产品，服务企业（我是干什么的）；

新加坡网络贸易平台 Network Trade Platform（我是谁），将奥迪贸易（为谁）融资处理时间从一周降至一个工作日（我是干什么的）。

5.3.3 品牌资产

如何才能知道品牌定位是否恰当？如何才能知道品牌传播是否有效？品牌资产是一种有效的衡量方式。菲利普·科特勒在其著作《营销管理》中提到，品牌资产是赋予产品和服务的附加价值。品牌资产从定性角度可以用客户对品牌的感受（知晓度和体验等）、想法（对质量的观点和品牌的偏好度等）、记忆（在采取试用或者购买行为时选择这个品牌等）和信仰（差异点带来的溢价权的大小和品牌的忠诚度等）等进行衡量，从定量角度可以用收入、利润、市场份额（当下和增长可能性）等财务数据进行衡量。无论定性还是定量，营销人员不仅需要知道结果，还需要知道这个结果是如何来的，以及这些结果和原因会随时间如何变化。品牌资产矩阵如表 5-8 所示。

表 5-8　品牌资产矩阵

	当下原因和结果	原因和结构的变化
定性 （品牌在客户心中的记忆）	你听到或者看到这个品牌时，你想到的： • 品牌属性是什么 • 品牌利益是什么 • 品牌价值是什么 • 品牌文化是什么 • 品牌个性是什么 • 品牌使用者是谁	• A/B 测试（同期不同项目品牌传播效果对比） • 与以往结果进行对比和分析

	当下原因和结果	原因和结构的变化
	• 在回答"在本行业中你想起的第一个企业"时，提到本品牌的客户的比例（认知度——知道/了解） • 目标客户中熟知、知道相当多、知道一点点、仅仅听说过、从未听说过品牌的百分比 • 在回答"你会倾向于购买哪个企业的产品"时，提到本产品的客户的比例（尊重度——偏好和购买） • 目标客户中很喜欢、较喜欢、无偏好、不喜欢、讨厌品牌的百分比 • 问客户"如果你在一家商店找不到×××产品，你是走出商店继续找，还是换一个品牌买？" • 净推荐值 NPS	
定量 （客户因为这种记忆采取的行动）	• 市场份额 • 客户数 • 复购率 • 流失率 • 收入 • 利润 • 溢价百分比 • 客户忠诚度 　■ 转到别的品牌的客户（特别是因为价格）百分比 　■ 复购客户百分比 　■ 涨价依然复购客户百分比 　■ 安利品牌的客户百分比	

　　品牌资产评估是一项专业性很强的工作，它涉及财务、营销、统计等学科知识的综合应用，其底层逻辑是从统计定性和财务定量的角度衡量品牌在每个客户接触点起到的作用。关于具体如何评估一个品牌资产的方法，目前业界没有统一标准，国际品牌评价主要体系起源于美国和英国，中国自主品牌评价体系尚处于探索阶段。

　　明略行（Millward brow）公司开发的 BRANDZ 品牌强度模型使用客户需求满足度（从企业本身的角度，关注提供物满足客户需求的程度，可以用来预测当下的销量）、企业溢价权（从竞争的角度，关注企业的差异化竞争能力，可以用来预测当下的收入）、客户忠诚度的改变（从客户的角度，关注客户对企业的忠诚度，可以用来预测未来的收入）来衡量品牌资产。品牌中国战略规划院在《中国自主品牌评价报告 2018》中对 BRANDZ 品牌强度模型的评价为："BRANDZ 的评价体系是唯一一个通过大量访查数据将客户的意见纳入品牌评价考量的体系，这使该评价体系的最终数字具备相对全面的特征，在公众传播中具有更强的说服力。尽管 BRANDZ 有十分富有逻辑性的方法论及相对庞大的数据库做支撑，但其品牌贡献率和品牌倍数的计算过程在很大程度上依赖内部分析师团队的分析。这种方法使 BRANDZ 的评价体系的主观经验因素比例相对较高。公众一旦注意到其包含相对较高比例的主观性因素，可能会对 BRANDZ 的公信力产生怀疑。"然而，这一点不影响企业用这个模型检查自己品牌资产或者品牌工作的成果。

扬罗必凯公司（Young&Rubicam）每三年进行一次客户调查，采用邮寄方式由客户自填问卷，调查范围覆盖 19 个国家的 450 多个全球性品牌及 24 个国家的 8000 多个区域性品牌。它使用的品牌资产评价模型（Brand Assets Valuator，BAV），从品牌差异性(溢价权的大小和品牌的忠诚度)、品牌相关性(愿意试用或购买的客户数)、品牌认知度（目标客户群体中熟知、知道相当多、知道一点点、仅仅听说过、从未听说过品牌的百分比）和品牌尊重度（目标客户中很喜欢、较喜欢、无偏好、不喜欢、讨厌品牌的百分比）四个维度衡量品牌资产。在客户评价结果的基础上，该模型通过品牌未来发展（等于品牌差异性与品牌相关性的乘积）和品牌当前地位（等于品牌认知度和品牌尊重度的乘积）构成了品牌力矩阵，可用于判断品牌所处的发展阶段，如表 5-9 所示。

表 5-9　品牌力矩阵

品牌未来发展（等于品牌差异性与品牌相关性的乘积）	品牌当前地位（等于品牌认知度和品牌尊重度的乘积）	
	低	高
高	潜力品牌（在发展态势中或者在一个利基市场是领导者）	领导者品牌（当下和未来）
低	弱品牌（新进入或者目标尚不清晰）	趋弱品牌（正在逐渐变弱或者衰退）

品牌中国战略规划院在《中国自主品牌评价报告 2018》中对品牌资产评价模型的评价为："可借鉴之处是简单易用、覆盖范围广，有问卷调查作为基础，突出了品牌力的评价，有利于企业对自身品牌定位的再认知，以便及时做出品牌策略的调整。该评价模型完全没有考虑品牌的盈利能力，对品牌实际意义上的价值没有涉及。"尽管如此，这个模型在企业自我评价品牌方面还是值得借鉴的。

英国品牌金融咨询公司（Brand Finance）使用"特许费率法"来衡量品牌价值，它核心的评价标准由三部分构成：当前表现（利润、销售额、市场占有率、定价支持）、客户观点（品牌知名度、品牌联想度、品牌美誉度）和未来预期（重复购买率、竞争对手策略）。品牌中国战略规划院在《中国自主品牌评价报告 2018》中对"特许费率法"的评价为："所带来的评价结果具有很强的客观性，但是一些基于免费经济模式的互联网企业，即使拥有非常高的知名度和庞大的用户群体，但其盈利能力有可能在可预见的时间内是非常差的，该评价方法难以衡量这类企业的品牌价值。"

国际品牌咨询公司（Interbrand）认为，品牌价值应该将未来收益作为基础。它提供了一个公式：品牌价值=品牌给企业带来的年平均利润×品牌强度。企业带来的年平均利润是每个企业都有的数据，Interbrand 用领导力、稳定力、市场力、国际力、趋势力、支持力和保护力衡量品牌强度。品牌中国战略规划院在《中国自主品牌评价报告 2018》中对 Interbrand 模型的评价为："基于品牌未来收益对品牌进行评价，对处于成熟且稳定市场的品牌而言，这种品牌评价方法相对有效。但是如果经济发展波动较大，就会导致对未来若干年的销售额和利润的预测存在较大的不确定性，从而影响其评价结果的可靠性。"Interbrand 模型评价指数及权重如表 5-10 所示。

表 5-10　Interbrand 模型评价指数及权重

评价指标的属性	具体评价指标	评价指标的含义	权重（%）
领导力	1．市场占有率 2．品牌知名度 3．品牌定位 4．竞争对手状况	指品牌影响市场、占有市场份额，并成为主导市场力量的能力。它反映品牌在同行业中所处的竞争地位	25
稳定力	1．品牌寿命 2．连续性 3．一致性 4．品牌识别 5．风险	指品牌建立在客户忠诚和历史基础上的长期生存的能力。它反映品牌在市场上生存能力的大小	15
市场力	1．市场类型 2．市场特性 3．市场容量 4．市场动态性 5．进入壁垒	指品牌交易的环境，如增长前景、变动性、进入壁垒等。它反映品牌目标市场的状况	10
国际力	1．地理扩散 2．国际定位 3．相对市场占有率 4．品牌声誉 5．品牌雄心	指品牌超越地理和文化障碍的国际化能力。它反映品牌的文化包容性	25
趋势力	1．长期市场占有率表现 2．预计品牌表现 3．品牌计划的敏感度 4．竞争者行动	指品牌正在发展的方向和品牌保持时代感及与客户保持一致的能力。它反映品牌在多大程度上与社会发展趋势相一致	10
支持力	1．信息的一致性 2．开支的一致性 3．高于或低于基准水平 4．品牌特许	指营销宣传活动的数量和频率。它反映品牌与社会公众，特别是与目标市场群体沟通的有效程度	10

续表

评价指标的属性	具体评价指标	评价指标的含义	权重（%）
保护力	1．商标注册与可注册性 2．普通法律保护 3．争议或诉讼	指品牌所有者的合法权利。它反映品牌的合法性与受保护的程度	5

目前，品牌价值链是一个品牌资产衡量维度比较全面的理论，但因为其复杂性较少运用于实践中，其结构类似于美国哈佛大学的迈克尔·波特（商业管理界公认的"竞争战略之父"）提出的价值链概念。这个理论对营销人员的实际工作有良好的指导意义，尤其这个理论的设计逻辑体现了设计者对营销的深刻理解。它认为，市场营销活动会影响客户心智，客户心智影响客户购买行为，客户购买行为影响市场表现，反之亦然，这和本书的矩阵营销体系的底层逻辑不谋而合。品牌价值链如图 5-8 所示。

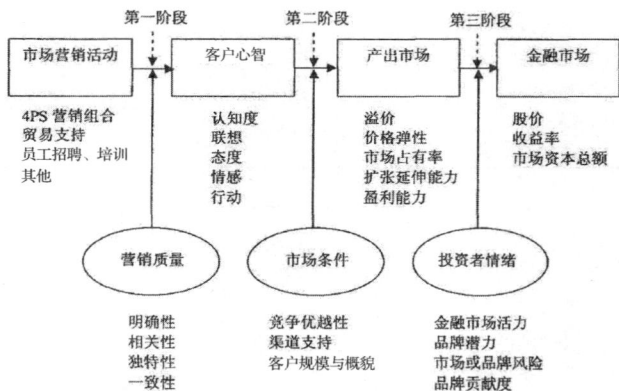

图 5-8　品牌价值链

图片来源：张浩，基于投资者视角的资本品牌研究述评，品牌研究，2017（3）

案例 5.7　中原银行的品牌定位

案例背景

中原银行成立于 2014 年，以 13 家城市商业银行为基础，是河南省唯一的省级法人银行，也是规模最大的城商行。从成立伊始，中原银行便提出"传统业务做特色，创新业务求突破，未来银行求领先"的发展理念。

中原银行作为数字化转型的先行者，旗下信用卡中心在成立之初充分意识到数字化对传统金融带来的冲击，在"以客户为中心"的战略引导下，明确了"六化"经营模式，在组织架构的设立、业务流程的创设、产品及客户服务体系的完善等方面不断进行着创新和尝试。全面实现线上申卡、依托大数据和决策系统建立智能风控，实现卡产品自动审批率达到 80%、消费贷全自动审批，ETC 信用卡即申即用，创新场景连接的获客模式，搭建了"线上+线下"的客户生命周期体系。

另外，近几年，中原银行秉承"移动优先"战略，持续发展移动端和互联网端业务，目前已建成依托手机银行、"微信银行+小程序"、企业微信、客服系统等的一体化线上服务渠道，并拓展了吃货地图、聚商、"智慧社区"、"智慧校园"、乡村在线等创新的场景金融线上服务渠道，大大提升了客户体验和服务效率。自动化、智能化、数据化为线上服务功能的完善、客户画像精准度的提升及经营效率的提高提供了良好的支撑。其中，信用卡业务是全行移动化和线上化程度最高的业务单元，目前已完成产品、业务和客户服务线上化闭环的建设，客户可"足不出户、一键完成"。中原银行服务信用卡客户的主阵地——中原银行信用卡微信公众号以 200 多万粉丝量和较高的活跃度位于公众号排名前列，"指尖中原""ETC 小秘书"等小程序也成为客户交互高频渠道。

案例分析

从上述案例可以看出，中原银行的品牌价值链如下：

第一，手机银行、"微信银行+小程序"、企业微信、客服系统等的一体化线上服务渠道；

第二，吃货地图、聚商、"智慧社区"、"智慧校园"、乡村在线等创新的场景金融线上服务渠道；

第三，产品、业务和客户服务线上化闭环的建设；

第四，中原银行服务信用卡客户的主阵地——中原银行信用卡微信公众号。

通过品牌价值链的四个环节，中原银行将数字化转型的先行者这一品牌资产不断夯实，未来中原银行更多地依托人工智能、大数据等进行场景的嵌入和挖掘，从而更加精准地实现客户获取、活跃及价值提升。

5.3.4　品牌发展

建立一个品牌仅仅是开始，营销人员需要确保品牌给客户的承诺能够不打折扣地落实。一个强势品牌的核心优势就是其承诺提供给客户的优质的产品、服务和体验。例如，华为、美的、招商银行、京东等。这些品牌能有如今的地位，是跟它们始终把品牌发展工作放在重要位置分不开的；波司登、北冰洋、回力等老品牌经过品牌的活化，重新回到人们的视野；而与此同时，一些卓越和受人尊敬的品牌，处于艰难时期或者慢慢淡出市场。

品牌发展工作包含对现有品牌价值的持续宣传及对现有品牌价值的改进和调整。如果你的品牌价值仍然可以很好地满足客户的需求，请继续传播品牌价值；如果你在定期做品牌资产的评估工作，肯定会及时发现品牌的问题和新机会。若发现品牌问题，营销人员通常需要按照下面的步骤进行改进。

步骤一：回顾品牌定位是什么。

步骤二：确定问题产生的原因，具体分析如下。

①在品牌传播过程中出现了偏差，客户对品牌的联想偏离了预期；②品牌定位本身不能很好地满足客户和市场的需求。营销人员可以通过下面这些问题了解原因。

- 基于当前市场，品牌定位是否依然恰当？
- 品牌定位能否很好地支持企业所有的产品线？
- 所有的客户接触点都能支持品牌定位吗？提供物是否和品牌定位保持一致？价值网络和推广活动是否和品牌定位保持一致？
- 品牌传播（渠道、信息、传播者等）是否有效？
- 品牌负责人是否知道客户对于品牌是喜欢还是不喜欢？品牌负责人是否有以客户调查为基础的详细的目标客户画像？

步骤三：如何在"不忘初心"和"重新定义品牌"这两个极端中找到适合企业现状的平衡点。

若发现的是品牌的新机会，营销人员会有更多令人兴奋的事情可以做。这些品牌新机会通常包含产品线延伸、品类延伸、多品牌和新品牌，如表 5-11 所示。

表 5-11　品牌新机会表

品 牌 名 称	产 品 类 别	
	已有	新
已有	产品线延伸	品类延伸
新	多品牌	新品牌

注：这个表也可以用于对新产品品牌名称的选择决策。

产品线延伸是指企业使用现有品牌名称在已有的产品类别中推出新的商品，如改变口味、形式、颜色、增加/减少成分或包装量。三元在原味酸奶后推出的三元红枣酸奶就是产品线延伸。品类延伸是指用现有品牌推广新品类。沃尔沃品牌名下有乘用车、商用车、客车、建筑设备、发动机和金融等品类。这两种品牌创新的共同点都是利用现有品牌的力量降低新产品推出时的风险和成本。在实践中，营销人员需要注意避免两个常见的问题：一是新产品让客户对原品牌定位产生混淆或不满，二是损害到原品牌。

多品牌是指企业在相同的品类中设立更多的品牌，这样做的目的是提供不同特性去吸引不同的客户，即应对细分市场客户的方法之一。这样的好处是，一个企业多个品牌联合起来比任何一个单一品牌能够获得更多的市场份额。但是，最常见的情况是，每个品牌都只能占有很小的市场份额，且可能没有一个能获利丰厚。企业可能因为把资源分散在众多的品牌上，而不能创建一个实现高盈利水平的品牌，从而被拖垮。

新品牌是指在一个新的品类里创造一个新的品牌，如恒驰（恒大汽车）。通常在企业需要通过一个新的品类带来新的增长点，而现有品牌名称又不合适时，就要创立新品牌。这种做法最常见的情况是，企业资源分配不佳对企业整体带来风险。

除此以外，品牌发展的新机会还包含特许品牌、共有品牌、明星品牌。特许品牌是指企业在收取一定费用后，允许其他企业使用其品牌。迪士尼就是全球最大的品牌许可证颁发者之一。共有品牌是指两家不同公司把已有品牌用于同一产品，如华为保时捷手机。共有品牌的优点之一就是能够扩大市场份额。由于每个产品都有各自的客户，结合起来的品牌就能吸引更多的客户、创造更大的品牌价值。当然，这种美好情况的发生，以两个品牌能够保持各自品牌的魅力且周密协调它们的各种营销活动为前提。明星品牌是指企业在产品家族中使其品牌获得高知名度的第一个产品或者打造出来的一个长盛不衰的产品或者打造的被市场高度认可的产品，如苹果电脑、丰田的凯美瑞、本田雅阁。

在品牌发展过程中，因为战略需要还会出现一些大家经常听到的品牌策略，如引流品牌（首先用低价带来流量，然后打造升级高价位品牌）、爆品品牌（追求短期目标打造的品牌）等。

营销人员在面对众多的品牌发展机会时，通常都会心潮澎湃，希望大干一场。不过，营销人员需要注意的是，在选择品牌发展策略时，较好的选择是每个品牌与品牌家族中的其他品牌组合产生 1+1>2 的合力。如果营销人员发现减少品牌数量，利润反而提高了，那这个品牌组合可能就是太大了；反之，品牌组合就不够大。另一个需要注意的地方是，每个品牌需要有自己独特的差异点，在满足客户需求方面的重合度越小越好，不然就会产生自己抢自己地盘的情况。请牢记：选择品牌组合的基本逻辑就是市场覆盖最大化！

5.4　价格制定和调整

价格是客户评价提供物价值的重要参考因素，也是决定一个企业收入的重要因素。价格管理是复杂的、动态的过程。好的价格管理能帮助企业获得丰厚的收入和利润。价格管理分为两部分：价格制定和价格运营。价格制定需要了解定价目的和总原则（定价策略）、定价三段论和三类十二种定价法（定价战术）。价格运营需要掌握三种价格变动策略和八种价格调整策略。价格变动是指产品短期的价格变化，价格调整是指产品长期的价格变化。

在开始定价前，我们需要了解如下内容。

定价原则：价格应该处于企业愿意出售提供物的价格底线和客户愿意出的价格上限之间，最终定价应该是在为客户传递价值的同时为企业创造利润。需要注意的是，这个原则中的三个变量是动态变化的，它们分别是价格底线、价格上限和最终定价。它们受许多因素的影响，如企业提供物的价值、企业战略、企业目标和资源、客户的感知、竞争对手的情况、宏观营销环境和微观营销环境等，所以价格管理是复杂和动态的。

营销人员应该尽量避免价格战。价格战最常见的两个危害是，利润损失和向客户暗示价格比品牌传递的客户价值更重要，从而降低品牌价值。

下面详细介绍如何为提供物制定价格。

5.4.1　如何为提供物制定价格

按照定价原则，我们把价格制定分为三个步骤，如图 5-9 所示。

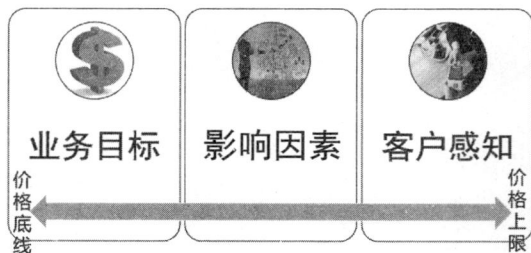

图 5-9　价格制定三步骤

1．确定价格底线

有一种观点认为，企业通常用其成本决定其提供物的价格底线，即定价不能低于其所有成本的总和。我们发现，实际的商业中并非总是如此。我们还发现，价格的底线和企业当期业务目标相连。常见的业务目标有下面几类，如表 5-12 所示。

表 5-12　业务目标类型表

业务目标类型	目标适用情境	案　例	注　意　事　项
生存	当企业生产力过剩时，当企业遇到激烈竞争时，当企业遇到客户需求改变时	2020 年新冠肺炎疫情中的西部莜面村产品定价就是降低成本，从而比竞争对手活的时间更长并取得了最后的胜利	只能是短期目标。从长远看，企业必须学会如何提升客户价值，否则将面临破产
利润优先	当企业希望获得当期最大的利润、现金流量或者投资回报率时，当企业推出一种竞争力很强的新技术/新产品时	许多消费品企业，如苹果，往往在新品发布时价格最高，然后随时间推移逐渐降价。新药享有一段保护期，可以制定高价格	这个目标能够成功的前提是：企业对其需求量和成本函数了如指掌。当有竞争力的对手采用低价策略时，企业会面临巨大风险
市场份额优先	当企业希望占有的市场份额最大化时	现在许多科技/互联网企业在争夺一个新市场时常采用这个目标，如特斯拉的疯狂降价	企业是否有足够的资源获得最终的胜利
收入优先	当企业有收入压力时	2020 年年底，许多房地产企业对新盘降价销售就是为了以价换量、大量收回现金，以便其账面现金大于短期负债，满足国家监管的要求	企业不能以牺牲客户利益为前提，如降质不降价。如何在短期和长期利益中找到平衡点是难点，即短期的收入增长不会损害品牌、企业的中长期战略和发展等
基业长青	当企业有成为卓越的企业的愿景，希望能成为市场常青树而不是套利走人时	许多行业领导企业都在用这个目标，如 IBM、GE、丰田、华为等	企业要做到这一点并不容易，需要有明确的企业使命、坚定的领导层、专业化的市场营销能力

　　这里要注意企业使命、愿景、中长期战略和业务目标之间的区别，前三者是稳定的，中长期通常不会发生变化，而业务目标是企业实现中长期目标的短期的策略和战术行为。许多企业都是按年度审核其价格体系的，如列表价、渠道价、折扣权限、促销政策等。

　　企业确定了业务目标后，基于提供物的成本，就能够确定提供物的价格底线。例如，当业务目标是生存、市场份额优先或者收入优先时，价格底线有可能需要低于成本，而低多少要根据具体的业务目标、市场营销环境和竞争情况，综合推算出来；当业务目标是利润优先时，价格没有理由低于成本；当业务目标是基业长青时，价格通常会让客户感到物超所值，同时企业有利可图。因此，当业务目标是利润优先或者基业长青时，价格底线就是提供物的成本。

　　企业的成本有两种类型：固定成本和变动成本。固定成本是指成本总额在一定时期和一定业务量范围内，不受业务量增减变动影响而能保持不变的成本，如固定资产（厂房设备、办公室设备和租金等）。固定成本有两个特性：成本总额不随业务量的增减而变化，表现为固定金额；单位业务量负担的固定成本（单位固定成本）

随业务量的增减变动成反比例变动。变动成本是指支付给各种变动生产要素的费用，如购买原材料、电力消耗费用和工人工资等。这种成本随产量的增减而变化，常常在实际生产过程开始后才需支付。总成本=固定成本+变动成本，这是确定价格底线的参考值（注意：价格底线不一定要等于总成本，随着业务目标的不同，可以低于总成本）。

另外需要注意的是，总成本、固定成本和变动成本也是动态变化的值，即生产力的变化会影响这些成本的变化。例如，对于传统企业，一个工厂有产量和规模两个方面的极限。然而，在"学习曲线"或者"经验曲线"的作用下，一个工厂的产品和规模的极限值可以提高。综上所述，价格制定人员需要了解两件事情：

- 在不同产量水平下成本是如何变化的；
- 价格刺激出来的需求要和企业的生产规模及产量相匹配。

2．确定价格上限

价格上限指的是客户愿意为某种提供物付出的最高价格，若高过这个价格就没有客户会买这种提供物了。在实际操作中，企业一般很难准确掌握这个价格，因为一个企业面对的客户很少会是一个或者有限的几个，而是客户群体，且往往没有可能知道现有每个客户在哪里，更不用说潜在的客户了。如果有企业真的面对的是有限的几个可以管理过来的客户，有能力联系到这些客户，且每个客户愿意告诉企业自己的心理最高价位（如果客户能准确回答这个问题的话），理想的情况下，企业可以根据每个客户最高的心理价位得到准确的价格上限。

另外，更具有实操性的方法是利用需求曲线，即表示价格和需求的关系的曲线。当其他条件相同时，在每一价格水平上客户愿意购买的商品量的表或曲线。需求曲线通常以价格为纵轴（y轴）、以需求量为横轴（x轴），如图5-10所示。为什么企业利用需求曲线来判断价格上限呢？通常不同的价格将导致不同的需求量，而每个企业一般都有其销售量的目标，在需求曲线上总有一点——价格若高于这个点，则需求量（销售量）就无法满足企业的目标，这一点就可以作为价格上限的参考点。这相当于用一个合理的类比方式解决了企业无法知道每个客户心理最高价位的问题，因为这个曲线的需求量就是每个客户对不同价格的实实在在的行为反应，即他们对不同价格的接受度或者叫作敏感度。另外，需求曲线反映的是一群客户整体上对不同价格的敏感度，这在一定程度上解决了样本的问题。

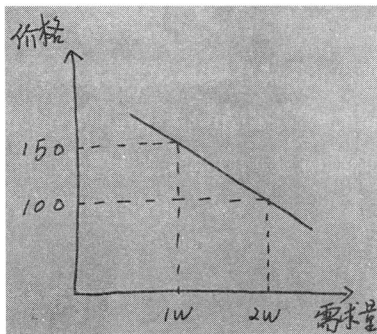

图 5-10 需求曲线 1

在图 5-10 中，当价格是 100 元时，需求量是 2 万个单元；当价格是 150 元时（涨幅 50%），需求量是 1 万个单元（降幅 100%）。这说明客户对这种提供物的价格是敏感的，换句话说，价格的变动对需求量的影响是明显的。如果企业的业务目标是 2 万个销售量，则提供物的价格通常不应该高于 100 元，100 元就是提供物的价格上限。

在图 5-11 中，当价格是 100 元时，需求量是 2 万个单元；当价格是 150 元时（涨幅 50%），需求量是 1.8 万个单元（降幅 10%）。这说明客户对这种提供物的价格不敏感，换句话说，价格的变动对需求量的影响是不明显的。如果企业的业务目标是 2 万个销售量，则提供物的价格上限有可能是 150 元，然后通过一些其他营销手段实现 2 万个销售量。

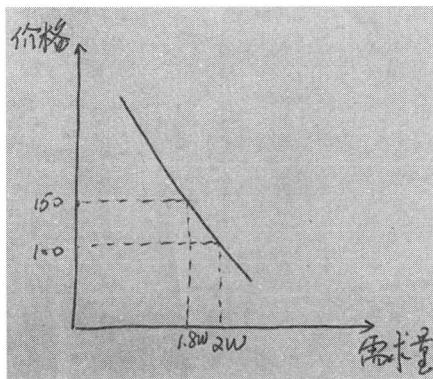

图 5-11 需求曲线 2

企业能使用需求曲线的前提是，有数据画出这条曲线，且数据样本量是有参考价值的。对于一个即将上市或刚刚上市的提供物（没有数据），或者没有数据积累的企业，就无法用这个方法了。那怎么办呢？下面提供一些实践供大家参考。

- 通过市场调研（需要专业知识和资金），比如在一个折扣商店里有系统地制定不同的价格，研究价格是怎样影响销售量的。适合有实力的企业，可靠性相对较高。

- 利用一切免费的资源了解客户的心理价位，适合资源有限的企业。这个方法的结果受到样本的选择、样本数、与客户沟通的专业度、行业成熟度等因素的影响，可靠性不稳定，且需要较长的时间和较大的人力投入。如：
  - 利用每个可以接触到客户的机会问客户：
    - 某种利益对于他们具有多大价值；
    - 他们愿意为这种价值支付多少费用；
    - 他们愿意为一个基础产品支付多少费用，而对于每项增加的利益又愿意支付多少费用；
    - 在不同价格水平下，他们会买多少产品；
    - 可以通过试验测量客户对不同产品的感知价值。
  - 参考竞争对手的价格。
  - 参考行业的价格体系。
  - 借助问卷星这样的免费工具进行客户调研等。
  - 利用互联网，针对选定客户，提高 5% 的报价，对比客户的反应（注意：在改变价格因素时，不要调整其他营销因素）。
- 基于一些通用的经验判断，这种方法的好处是省时、省力，不足之处是无法得到一个准确价格或价格区间，得到的是一个价格方向（高价格或低价格）。有研究表明，价格降低 1% 通常带来 3% 左右的销售量增长。

案例 5.8　"烟商 e 贷"畅通小微企业融资渠道

案例背景

"烟商 e 贷"业务是中国农业银行内蒙古分行为内蒙古烟草公司及辖内分支机构下游烟草经销商提供的"网捷贷"——经营性贷款业务。由烟草公司依据中国农业银行条件提供烟草经销商白名单客户信息及经营数据，依托网捷贷分行特色模型，通过"个人自助小额经营贷款"产品为烟草经销商提供信用方式线上融资服务，满足烟草经销商日常经营资金的需求。农行"烟商 e 贷"如图 5-12 所示。

"烟商 e 贷"是为了满足烟草经销商的融资需求，主要用于烟草及日常经营中其他货品的采购。贷款采用信用方式，无须提供抵押物和担保，采取自助可循环方式，借款人在核定的最高额度和期限内随借随还、循环使用。贷款最高额度为 30 万元，其中贷款额度有限期不超过 1 年，额度有限期内单笔贷款期限最长为 1 年。还款方式采取利随本清，既弥补了烟草经销商抵押物不足的现状，又缓解了其资金压力。

图 5-12　农行"烟商 e 贷"

案例分析

为什么中国农业银行的"烟商 e 贷"的贷款额度定为 30 万元、贷款额度有限期不超过 1 年？这是中国农业银行研究产品定价的结果。

"烟商 e 贷"最大的特点在于，引入烟草公司作为第三方机构，并引入"中烟新商盟"系统作为数据支撑。虽然烟草公司不是借款人，却为借款人和金融机构提供了可靠的数据来源，奠定了信用基础。

另外，经调研发现，烟草行业属于小微企业中资金投入较高的行业。一般情况下，一次性进货金额在 2 万～5 万元，而且资金占用时间较长，使得经销商的流动资金较为紧张。

"烟商 e 贷"属于"网捷贷"的一种，手续简便、操作方便，具有"一次授信、循环使用"的特点，而且按日计息，最大限度地节省了借款人的时间成本和经济成本。作为金融机构，"烟商 e 贷"既拓展、稳定了优质客户，增加了收入，又节约了人力、经济成本，减少了开支，取得了借款人和金融机构互利共赢的效果。

3. 确定影响价格中段的因素

当价格底线和价格上限确定好后，营销人员需要在这个区间内找到一个合适的点作为其列表价（有的行业叫建议售价）。这个部分相对于价格底线和价格上限来说，需要考虑的因素多了许多，所以价格确定过程也复杂许多。为了方便理解，这里把确定价格某个合适的值的过程拆分为两个步骤，首先营销人员需要了解企业内外部有哪些因素影响定价及如何影响，然后利用这些信息选择合适的定价策略确定列表价。

价格受到企业内部因素的影响，它们是营销战略、营销目标、营销因素和企业现状等。

- 营销战略决定了企业的使命、愿景、目标市场和定位，而价格需要和企业的营销战略保持一致。例如，蔚来汽车致力于创造更美好、更可持续的明天。蔚来 CEO 李斌曾说过，蔚来走的是奔驰或宝马的路线。所以李斌认为，特斯拉是要成为大众，而蔚来会坚守自己的定位，那就是 BBA（奔驰、宝马和奥迪）燃油车卖多少钱，蔚来电动车卖同样的价格，比它们的服务、性能更好。智能化程度高，产品更有竞争力，服务更有竞争力，这是蔚来的总体策略。

- 营销目标主要用于日常运营中的价格调整。常见的营销目标有：吸引新客户，保持高利润，阻止竞争对手进入，稳定市场，获得分销商的忠诚或支持，避免政府干预，增加品牌的吸引力，促进产品线其他产品销售。企业的价格不是一成不变的，许多企业的价格会在一个区间内（比价格底线与价格上限之间更小的范围）随着营销目标波动，周期通常为一年。企业每年在制订下一年度营销计划时，对价格体系进行审核是一项必不可少的工作。当然，因为其他企业内外部营销因素的影响，企业不得不在一年中调整营销目标甚至调整其价格的情况也不鲜见。值得注意的是：价格调整和价格变动不同，价格调整是针对长期的价格改变行为，而价格变动是针对短期的价格改变行为，如打折促销。

- 价格还受到产品定位、分销和促销等营销因素的影响，需要和这些因素相协调。例如，产品定位于高性能，则需要高价格以弥补高成本；若希望分销商支持并促销自己的产品，定价时应该考虑给分销商更多回报，即定价时要给分销商留出更多的利润空间；如果提供物促销的策略主要是依靠广告，则定价时需要把这些营销成本包含进去。

- 企业在市场中的地位（企业现状）也影响价格的制定，下面是一些常见的实践。
  - 在小企业里，价格通常由最高层管理者而不是营销部门和销售部门制定。

- 在大企业里，价格一般由营销部门或者产品线经理控制。
- 在行业市场中，企业通常有一个价格体系。最高层管理者设定定价目标和定价政策，销售人员可能被允许在一定范围内与客户协商价格，但下层管理者和销售人员提议的价格一般还需要按照企业流程审批，但也有企业不允许销售人员跟客户协商价格。
- 如果价格是关键因素的行业，如银行业、航空业、钢铁业、铁路运输业和石油行业等，企业一般设立一个专门部门来制定最佳价格，或者帮助其他部门制定价格。该部门向营销部门和最高层管理者汇报。在一些国家，这些行业的价格甚至受到国家的指导和监管。

除了企业内部的营销因素的影响，企业外部营销因素也影响着提供物价格的制定。常见的影响因素有市场类型、宏观经济环境、市场需求等。

- 市场类型有四种：完全竞争、垄断竞争、寡头垄断、完全垄断。市场类型不同，定价策略不同，所以企业需要判断自己所处的市场类型，对定价大方向有一个把握。在完全竞争市场，定价作用不大；在寡头垄断市场，每个企业需要对竞争对手的动向十分关注；在完全垄断市场，一家独大；最需要定价技巧的就是垄断竞争市场。表 5-13 列出了这四种市场类型的主要特征。

表 5-13　四种市场类型的主要特征

市 场 因 素	市 场 类 型			
	完全竞争	垄断竞争	寡头垄断	完全垄断
卖方	众多	很多	几个	一个卖方
买方	众多	很多	众多	众多
产品	单一，如小麦、铜等，大宗商品或者金融证券	差异化产品或服务	如电商行业的天猫和京东	如中国电力
市场调研	作用很小	作用明显	—	—
市场策略	不用花太多精力	需要花较多精力	—	—
产品开发	作用很小	作用明显	—	—
定价	作用很小	价格范围很广，需要测试需求曲线和需求价格弹性	—	—
广告	作用很小	作用明显	—	—
促销	作用很小	作用明显	—	—

- 企业需要对自己所处的宏观经济环境有一个准确判断。在宏观经济中，影响价格的因素有经济增长、经济衰退、通货膨胀和利率等。这些因素会影响客户支出，客户对产品和价值的感知（经济不景气，客户对性价比通常要求更高），以及企业生产和销售产品的成本。企业应对经济波动的定价策略可以是

短期降价，刺激销量；若不是生死攸关，不要长期降价。长期降价很可能损害品牌，且难以恢复价格到原有水平，企业可以用其他方法应对经济波动。例如，盒马在经济不景气时，在"高价值、高价格"的生产商品牌之外推出更多"高价值、中价格"的自有品牌并大量宣传。

- 市场需求是影响价格的另一个重要因素。需求通常显示的是市场对可能销售量对应的各种价格的反应，它涵盖了各种价格敏感度不同的人的反应。通常的定律是价格越高、需求越低，但也有一些商品会出现短期相反的情况。例如，2017 年的房地产市场，价格越高，人们买房的热情越高涨；股票市场也是追涨杀跌。这种情况通常出现在客户对提供物的价值无法准确判断时，但当价格继续提高到一个太高的程度，需求水平又变低了，因为价格已经高到让客户感到"物不值这个价了"。绝大部分企业需要测试客户对不同价格的需求水平，即需求曲线。在确定价格上限时使用过需求曲线，这里用需求曲线对价格单位变动带来客户需求的变动进行更细的分析。下面是基于需求曲线数据制定价格时需要注意的事项。

  - 如果企业生产更多产品的成本低于获得的额外收入，其应考虑降价带来更多收入，但底线是不能改变品牌在客户心目中的定位。

  - 产品价格提高后，客户可能继续购买，但最终会转向其他替代品，即短期价格无弹性，但长期价格有弹性。例如，爱马仕销售现在普遍使用配货销售法（买爱马仕的包，需要额外购买一定金额的爱马仕配饰），现在看来其收入有所增加，但一旦客户有其他选择，就会毫不犹豫地离开。因此，企业在制定价格时，需要区别对待长期的价格弹性和短期的价格弹性。短期和长期的价格弹性之间的区别在于，客户需要花费多少时间了解清楚价格变动对他们的影响，而有时候这个影响需要较长时间才能体现出来，这就导致了企业的短视行为。

企业在为提供物制定价格时，还需要考虑竞争对手提供物的成本、价格等因素。

5.4.2　三类十二种定价法

到这里，营销人员知道了定价目标是什么，可以选择的价格上限是多少，能满足业务目标的价格底线是多少，以及这两个价格中间影响价格的所有因素的情况。现在，营销人员可以基于上述信息，通过三类十二种定价法针对不同的情况为单品制定合适的价格。三类十二种定价法如图 5-13 所示。

基于成本定价	基于竞争定价	基于价值定价
成本加成定价法	通行价格定价	增值定价法
盈亏平衡定价法	团购定价法	物有所值定价法
作业成本会计	拍卖式定价	对赌定价法
目标成本法		
市场撇脂定价		
市场渗透定价		

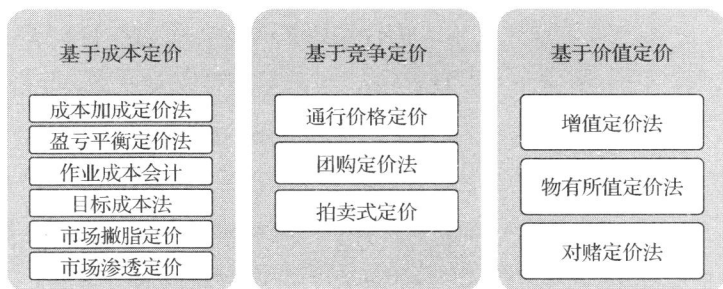

图 5-13　三类十二种定价法

1. 基于成本定价

基于成本的定价策略是指基于企业目标和提供物成本选择一个定价的策略。基本原则是在成本基础上加上一定利润形成价格，如果低于这个价格企业就无法达到业务目标。用这种方法时，当成本和合理回报的预期（利润）控制的好的时候，可以做到物超所值或者物有所值，但控制不好就容易出现物无所值的情况。针对这种情况，企业失败的损失和风险都远大于基于客户价值的定价，因为后者在产品生产前还有机会进行改进。这种定价策略中成本是价格的底线，但成本可以是高成本，只要其对应的是高价值，关键是成本和价格之间的差距的多少决定了企业为客户传递的价值的多少。基于成本定价有六种定价策略，不同的定价策略对应着不同的利润选择方法，共同点都是在成本上加上这个利润形成价格。

- 成本加成定价法（也叫利润定价法）是在产品总成本上加上一个期望的利润。这种定价方法的好处是简单，但定价不合理的可能性很大。例如，许多餐厅的菜品定价就是在菜品的成本上加一个期望的利润。但整个行业趋于同一个标准值的情况时，这种定价方式比拼的就是成本控制，价格竞争也会因此弱化。这也是餐饮业越来越品牌化的原因，品牌化后才能获得品牌溢价部分。

- 盈亏平衡定价法（也叫目标利润定价法）。目标利润定价法从名称上比利润定价法多出"目标"两个字，这个目标就是投资回报率，即投资 100 元期望赚多少钱，比如 30% 的投资回报率的意思就是，投资者期望每投资 100 元可以赚到 30 元。盈亏平衡定价法就是制定一个价格，这个价格能帮助投资者实现预期的投资回报率，具体步骤如下所述。

  - 预估市场份额。基于对市场的分析，预估一个企业有可能取得的市场份额，如一个读书 App 的目标是 10000 名用户支付其按年收费的阅读费。

  - 算出目标价格。用公式：目标价格=单位成本+（期望投资成本率×投资额）÷预计销售量，基于预期投资成本率算出目标价格。如果这个 App 投资了 100 万元，期望有 30% 的投资回报率，单位总成本（获得一名读者的总成本）是 100 元，则目标价格=100+（1000000×30%）÷10000=130。

■ 测算盈亏平衡点。通常价格越高、需求越低，企业需要知道如果销售量达不到预期时会发生什么情况？预测在多少销售量之下企业是亏钱的，在这个销售量之上企业就开始赚钱，这个点就是盈亏平衡点。图 5-14 显示，这个 App 运营的固定成本（无论销售量如何变化，都需要这些成本）是 30 万元，变动成本随着销售量的增长而增长，其加上固定成本构成总成本，盈亏平衡点的销售量=固定成本÷（目标价格-单位变动成本）。假设其单位变动成本（获得一名读者的变动成本）是 70 元，则盈亏平衡点的销售量=300000÷（130-70）=5000，即若这个 App 定价为 130 元，至少需要获得 5000 名读者才能不赔不赚。当销售量超过盈亏平衡点（这个案例中是 5000 名读者），企业开始盈利。

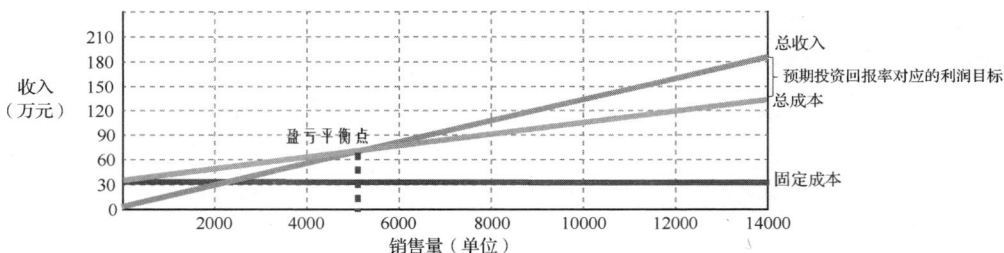

图 5-14　盈亏平衡点

这个方法的缺点是忽视了价格的弹性和竞争对手的情况，而这些因素都会影响最终的销售量。另外，对市场大小的预测也需要比较精确，防止出现市场的购买量甚至不能支持在较高价格下实现盈亏平衡所需的销售量的情况。当然，使用这个方法定价的企业可以寻找降低固定成本和变动成本的方法，让盈亏平衡点尽早到来（总成本越低，实现盈亏平衡的销售量要求越低）。

● 作业成本会计是指基于为每个客户服务的实际成本制定价格的方法。例如，一个客户要求每天交货一次，以节省库存相关费用；另一个客户要求每月供货一次，以获得较低的价格。企业若可以准确衡量出服务不同类型客户的固定成本和变动成本，就可以使用这种基于差异化的定价方法。这种方法的好处之一就是，企业能很好地向客户解释收费的构成，取得客户的信任。前提条件是企业有能力准确衡量不同客户的固定成本和变动成本。

● 目标成本法是指企业在开发产品前，通过一定的方法首先计算出一个成本的目标（实际生产成本不能高于这个目标），然后评估是否能做到这个成本的目标，若做不到就不投入生产以避免风险，若有可能做到这个成本的目标就投入生产，如果成功了就一定有利润。这是一种比较复杂的定价方法，它需要经历下面 5 个步骤。这种方法的好处是风险小，挑战是对定价人员专业化程度要求较高，且对企业的市场洞察能力要求较高。

- 确定产品功能。
- 预设产品价格。
- 用预设价格减去毛利得到目标成本。
- 细分目标成本构成项目。
- 若优化每个目标成本构成项目后，目标成本可以满足第 3 步要求的成本，就可以开发产品，并确保盈利。

- 市场撇脂定价是指在产品上市初期制定一个很高的价格，随着时间推移价格慢慢下降的一种定价方法，其目的是从市场中一层一层地撇取尽可能多的利润。这种定价方法听起来很吸引人，但它需要一些适用条件才可以用。

  - 产品的质量必须能够支持它的高价位，并且有足够多的客户愿意以这样的高价格购买产品。这就需要企业在产品和市场洞察方面有很强的实力。
  - 高定价通常对应的是低销售量，营销人员需要仔细计算较少的生产数量的成本是否会高于高定价获得的收入。若是，就不能用这种定价方法。
  - 竞争对手不能轻易进入该市场，对这样的高价格产生威胁。不然，轻则影响目标利润的达成，重则（在企业还没达到盈亏平衡点之前，竞争对手进入）导致亏损。

- 市场渗透定价是指设定一个较低的价格，以便通过迅速吸引大量客户而快速且广泛地渗透市场，目的是赢得一个很大的市场份额。许多具有规模效应的企业都喜欢使用这种定价方法，首先用高销售量降低成本，然后进一步降价，扩大市场占有率，以达到垄断市场后获取垄断利润的目的。这种定价方法同样有其适用条件。

  - 该市场必须对价格高度敏感，低价格能够促进市场的高速发展。不然，用这种定价方法，企业会因为得不到需要的市场份额而出现风险。
  - 生产和分销成本能够随着销售量的增加而降低，这是使用这种方法的前提条件，没有规模效应，就无法低价抢占市场。
  - 低价格必须有利于抵制竞争，并且采用市场渗透定价的厂商必须始终保持自己的低价格定位。不然，当有竞争对手可以低价时，你的市场渗透定价只能获得暂时的优势，甚至进入可怕的恶性价格战。

2. 基于竞争定价

有些企业采用竞争定价策略，即以竞争对手的战略、成本、价格和市场供应品为基础制定价格。企业的价格可能与其主要竞争对手的价格相同，也可能高于或低于主要竞争对手。常见的定价比较思路如下。

- 企业从客户角度比较自己提供物与竞争对手提供物的价值来制定价格。如果客户能够感知到企业的产品提供了更高的价值，企业则可以设定比竞争对手更高的价格；如果同竞争对手的产品相比，客户感知到较低的价值，企业必须降低产品的价格或者改变客户的感知来证明产品值得高价格。

- 企业还可以从对标竞争对手的规模和定价战略角度制定价格（见图 5-15）。如果企业面对的是一些相对于其产品价值而言定价过高的小企业，那么企业可以降低产品价格，将弱势的竞争对手挤出市场；如果市场被实施低价策略且规模较大的竞争对手占领，企业可以靠高价格的增值产品占领未开发的目标市场。在少数几个主要企业控制的市场中，价格是相同或者很接近的。例如，天猫和京东上开店的费用都在 25% 左右，首汽约车每单抽成的比例为 20% 左右，链家、我爱我家等二手房佣金都在 2% 左右等。而在同一个市场中的其他小企业，往往只能向这些市场领导者的价格看齐。这些小企业在这种竞争中必须通过提供有独特的差异化竞争点的提供物，更好地满足客户的需求和更好地控制自己的成本，才有可能存活和发展起来。例如，今日头条和拼多多在 BAT 的控制下就是这样成长和发展壮大的。

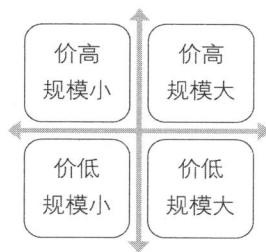

图 5-15　对标竞争对手的定价法

在实践中，基于竞争的定价策略通常有三种方法：通行价格定价、团购定价法和拍卖式定价。

- 通行价格定价是指企业提供物的价格与竞争对手提供物的平均价格保持一致。一致不一定是一模一样，可以略高或者略低。例如，不同的加油站中，同一时间、不同地点的油价上下略有不同。企业通常在测算成本有困难，不得不看齐竞争对手的时候，才使用这种定价方法。

- 团购定价法主要是互联网时代流行起来的，这种定价方法中买卖双方都是多对多，通常买方因为对某种提供物有共同的需求而形成一个临时的团体，从而扩大订单的规模，对卖家产生更大的吸引力，卖家愿意为这种吸引力提供一次性的价格折扣。这种定价方法需要买方拥有整合需求的能力，而这为美团、大众点评和拼多多等互联网企业提供了崛起的机遇。现在越来越多的制造商开始自己推出团购价，比如汽车制造商、电器制造商等。

- 拍卖式定价是指一个（或多个）卖方和一个（或多个）买方之间经过拍卖而确定价格的方法。拍卖又分为加价拍卖、减价拍卖、封闭式投标三种。

  - 加价拍卖是由卖家出示一件产品，多个买方不断加价竞标，直到某个买家以最高价格购得产品为止，通常适合不动产、古董等具有一定稀缺性和独特性的产品。

  - 减价拍卖则是由拍卖人公布一个最高价格，然后逐渐降低报价，直到有买家愿意购买该产品为止，通常适用于需要快速成交、快速周转的产品。例如，有些企业或者个人利用 Freelance、猪八戒等在线平台宣布其要购买的服务、期望的价格和投标的截止日期，卖家看到这个需求后可以在平台上提供自己的方案和报价，企业或者个人在其中选择性价比最高的一个提供商。

  - 封闭式投标是指每个供应商只有一次报价机会，并且不知道其他竞争对手的报价情况。政府多用这种方式集中采购大批商品，如医药管理局用这种方式采购医保药品，把近万元的心脏支架价格降到几百元。

3. 基于价值定价

基于价值定价是指企业制定的价格基于客户能感知的价值的多少。以客户感知价值定价只有三种结果：通过增值定价法，企业提供高或中价值但制定中或低价格，让客户觉得物超所值；通过物有所值定价法，企业制定的价格和价值相匹配，如高、中、低价值对应高、中、低价格，让客户觉得物有所值；通过"利己"定价法，企业制定的价格低于可以提供的价值，如高、中价值对应中、低价格，让客户觉得物无所值，即客户觉得亏了。现在越来越少企业采用"利己"定价法，因为互联网让坏消息迅速传播，用这样的定价方法几乎等同于自杀。还有一些企业并不是恶意制定物无所值的价格，而是客户对企业提供物的价值感知的误判造成的结果。这三种定价策略对应着九种具体的价值和价格的关系，如表5-14所示。在表5-14中，2、3、6用的是增值定价法，1、5、9用的是物有所值定价法，4、7、8用的是"利己"定价法。

表 5-14　基于价值定价表

价　值	价　格		
	高	中	低
高	1. 溢价战术	2. 高价值战术	3. 超值战术
中	4. 高价战术	5. 中规中矩战术	6. 优良价值战术
低	7. 欺骗战术	8. 虚假经济战术	9. 经济战术

增值定价法可以是高价值、中价格——高价值战术，高价值、低价格——超值战术，中价值、低价格——优良价值战术。增值定价法不是简单地制定客户想要支付的中、低价格或者为了应对竞争而制定低价格，而是通过增值服务形成自己的特点，并提供差异化服务，从而为制定更高价格提供依据。例如，巴奴火锅是一家近年来迅速崛起的火锅公司。某著名演员在演讲中说："今天的火锅，有四川火锅、重庆火锅、东北火锅、云南火锅，店里卖的东西也不一样，各有各的主打品，如毛肚、菌菇、和牛、江鱼、牛蛙等。把区域品类作为横轴线，食材品类作为竖轴线，横轴和竖轴交错都可能产生一个全新的品类。巴奴干了一件事，把火锅中用的最多的产品毛肚，通过技术创新的方式做到了极致。"

毛肚是巴奴火锅的特点，250 克的毛肚售价 74 元，一年超过 1 亿元。巴奴的服务员人人都是毛肚专家，为顾客示范如何专业吃毛肚，这样就把仪式感和专业度相结合，顾客吃得好下次还来。就这样，巴奴用了一个毛肚在火锅红海中撕开了一条线。不仅如此，巴奴还有差异化服务能力，它的宣传语"服务不过度，样样都讲究"就体现了这一点。这个品牌定位的具体落地点有冰天雪地里长出来的菠菜、海拔 2500 多米的茂汶收鲜花椒、天然无添加面粉、不干扰用餐、不强行涮菜、空间宽敞、高档设计等，这些为其提供高价格的物超所值的顾客感受提供依据。目前，巴奴的客单价在 160～170 元，比海底捞高一些，顾客用实际行为表达了对其的喜爱。2020 年，火锅行业出了一个品牌榜，第一名是海底捞，第二名是呷哺呷哺，第三名是巴奴火锅。

物有所值定价法是以一个公平的价格提供质量和良好服务的适当组合，可以是高价值、高价格——溢价战术，中价值、中价格——中规中矩战术，低价值、低价格——经济战术。物有所值定价法是众多企业采取的一种常见的定价策略。为了保证物有所值，有的企业使用"降价保质"的战术，如知名品牌 Armani 推出低价品牌 Armani exchange，让更多客户可以买到 Armani 品牌的服饰；有的企业使用"保价提质"的战术，这点在车企中应用广泛，车辆不断升级换代但价格基本保持不变（因为规模效应使得成本下降）；有的企业使用"极低价格提供较少价值"的战术，这种战术提供的较少价值都是客户最需要的价值，而通过去掉一些可有可无的增值服务降低价格，如民航业"廉价航空公司"经营模式的鼻祖美国西南航空公司。美国西南航空公司只开设中短途的点对点的航线，没有长途航班，更没有国际航班。特点是时间短、班次密集。一般情况下，如果旅客错过了西南航空公司的一班飞机，完全可以在一个小时后乘坐该公司的下一班飞机。高频率的飞行班次不仅方便了那些每天都要穿行于美国各大城市的旅客，更重要的是在此基础上的单位成本的降低，这才是西南航空公司所要追求的市场定位。通过和航空公司之间的代码共享，提供更好的联程服务。西南航空公司千方百计降低成本，如飞机上不提供费事费人的用餐服务，甚至连登机牌都是塑料做的，用完后收起来下次再用。"抠门"的结果是西南航空公司的机票价格可以同长途汽车的价格相竞争。有的企业使用"高低低价法"的战术，即开始制定一个比较高的价格，但是经常性地实施促销，以临时性降低选择条目的价格。这种方法常见于 Mall，如朝阳大悦城里面的产品的单价不低，但采用早间折扣、节日促销等方式给出折扣。有的企业使用"天天低价"的战术，这是指每天制定一个稳定的低价格，但是很少或没有临时性折扣，这在超市行业应用广泛。早期的超市用的更多的是"高低低价法"的战术，但研究发现，随着时间的推移，客户认为天天低价的价格低于频繁的折扣，尽管许多超市在这两种战术中的让利程度是相同的，即客户实际付出的平均价格是一样的。这个战术用的较好的是沃尔玛，中国的拼多多也是采用"天天低价"的战术。

对赌定价法。对赌是一个金融学术语，全称对赌协议，是投资方与融资方在达成协议时，双方对于未来不确定情况的一种约定，为确保各自的利益而列出的一系列金融条款。如果约定的条件出现，投资方可以行使一种权利；如果约定的条件不出现，融资方则行使另一种权利。所以，对赌协议实际上就是期权的一种形式。这种逻辑渐渐地被用于企业之间的定价战术，常见于买卖双方对交易的未来结果不确定时。这种不确定可以是双方都觉得不确定共同要求，也可以是买卖双方任何一方不确定单方要求。例如，现在咨询行业中，甲方更喜欢乙方提供对赌定价法，即实现某种目标后，再支付全部费用；若乙方无法完成甲方的目标，甲方不付或只需要付部分费用，从而降低甲方的风险。

案例 5.9　PayPal 的反洗钱情结

💲 案例背景

2015 年美国司法部曾调查发现，PayPal 为软件盗版团伙提供支付通道，为此 PayPal 不得不支付 770 万美元罚款，与美国司法部达成庭外和解。

2017 年，PayPal 又因没有采取有效检查措施，没有遵守美国的制裁规定，承接了伊朗、古巴、苏丹等黑名单国家的交易业务等问题，接到过美国司法部的传票，并被要求提供"反洗黑钱计划"的相关资料。对此，PayPal 在申明中表示，公司正根据要求向司法部提供相关信息。受该消息影响，当日 PayPal 股价一度下跌 2.8%。

可见，在反洗钱的问题上，PayPal 曾栽过不少跟头，但话又说回来，PayPal 并不是在反洗钱问题上跟头栽得最狠的公司，甚至 770 万美元的罚款对其也构不成"血的教训"（截至 2019 年 10 月，PayPal 市值为 1168.79 亿美元）。

案例分析

通过上述案例可知，PayPal 在 2015 年被罚 770 万美元后，2017 年又接到过美国司法部的传票。为什么 PayPal 会因为反洗钱的事情一再栽跟头？

因素固然有很多，但不可否认的一点是，美国司法部开出的 770 万美元罚单，对于市值为 1168.79 亿美元的 PayPal 来说无关痛痒，罚单这个产品的定价对于 PayPal 的价值来说过低，这才会让 PayPal 受到利益驱动，不断突破法规红线。

根据我们前文所讲的，如果真要杜绝或有效制止这种反洗钱行为，美国司法部需要基于价值来定价，比较明智的定价方式是采用"高价战术"或"溢价战术"，让涉案违规者感到一旦突破红线，就会面临比得到价值几倍甚至十几倍的罚款。如此一来，反洗钱违规行为才有可能被遏制。

前面我们介绍了单品定价的策略。随着企业的不断壮大，其产品线和产品组合会越来越丰富，企业将不可避免地面临如何为产品组合定价的问题。例如，我的客户之一——阿里系的千寻位置就需要为其数十种产品和 12 个产品组合制定价格。许多人认为，为产品组合定价是一件非常困难和复杂的事情，与单品定价相比需要考虑的因素呈指数级增长。在某种程度上，他们没有错。其实，只要掌握好下面三条原则，你会发现给产品组合定价并不像想象中那么复杂。

- 当某种产品成为产品组合的一部分时，这种产品的定价逻辑必须加以修订，即营销人员若把一个产品和其他产品组合在一起制定价格时，营销人员不仅需要考虑产品组合的价格，还要重新考虑每个单品的价格和产品组合价格之间的关系。
- 产品组合考虑的逻辑还是单品的定价策略，唯一不同的是需要多考虑一个维度：产品组合（你可以把产品组合看成一个新的竞争对手和新的合作伙伴）和单品之间的影响关系是什么。
- 在定价过程中，请时刻提醒自己：产品组合定价是在整个产品组合方面能获得最大利润的共同价格。

常见的产品组合定价策略有两种，如表 5-15 所示。

表 5-15　产品组合定价策略表

策　略	目　的	技　巧
产品线定价	为产品线中的不同产品定价	1. 按单品逻辑 2. 既是朋友又是敌人
产品的捆绑定价	为一组一起销售的产品定价	1. 价格足够低 2. 购买整个产品的组合

产品线定价是设定一个产品线里不同产品之间的价格差异区间，价格差异主要来源于成本差异和客户对不同产品的价值感知差异。例如，蔚来 ES6 价格是 35.8 万～52.6 万元，ES8 价格是 46.8 万～62.4 万元。常见产品线定价实践有以下几种。可选择的产品定价，即为一个主要产品的可选择配件制定价格，可选择配件是指那些没有也不影响主产品的使用，有了则丰富主产品的功能的配件，如特斯拉把 FSD（完全自动驾驶包）作为可选择配件单独定价。这种定价方法的关键是营销人员必须确定哪些项目的价格要计入必须的总价格，而哪些是可选择购买的。附属产品定价是指为那些要与主要产品一起使用的产品定价，没有附属产品主产品功能无法使用，但客户可以选择不同品牌附属产品，如墨盒等消耗品。这种定价方法的关键是营销人员需要找到主产品和附属产品的价格平衡点——附属产品在合理范围内增加主产品的利润又不至于让客户讨厌，否则竞争对手有可能利用客户的不满打击你。分段定价法是指把提供物分成几个部分按照部分制定价格，如移动套餐内流量是一个价格，套餐外的流量是另一个价格。副产品定价是指企业在生产主要产品的同时，从同一种原材料中，通过同一生产过程附带生产或利用生产中的废料进一步加工而生产出来的非主要产品。例如，制皂厂在生产肥皂的过程中，产生一种下脚经加工后制成的甘油；面粉加工厂利用麸皮制造的饲料等。副产品虽然与主产品同时生产出来，但其价值与主产品相比要小得多，但企业可以找到副产品的价值，并制定相应的价格后出售给对这种价值有需求的客户。

产品的捆绑定价是指把几种产品组合在一起出售。企业通过这种价格制定方法为产品组合定价时需要注意几点：产品组合价格需要低于分别购买这些产品的价格，因为捆绑价格必须足够低才能吸引客户购买整个产品的组合。

5.4.3　运营中的产品价格管理决策

1. 价格调整策略

企业在为产品制定价格后，接下来就是制定企业的价格体系。例如，折扣的力度和权限，促销的力度和权限，等等。企业需要考虑客户需求（地点、购买规模、购买频率等）、成本（服务成本、运营成本等）、竞争对手（短期行为、强度等）等情况。常见的一些价格调整的策略有促销、折扣、补贴、分段定价、心理定价、动态定价等。

促销是指企业暂时把产品的价格调整到正常的价格以下，有时甚至低于成本，以引发客户购买的热情和紧迫感。常见的促销形式有引流品定价、运用特定事件降价、限时供应、现金回扣、低息贷款、较长的付款条款、保证和服务合同、标高打折（有法律和长期品牌受损的风险）等。企业进行促销时，需要让客户清楚了解促销的力度（许多广告促销信息并不显眼），另外要制造紧迫感，利用"人皆恨失"的心理（如限时、限价、限人等）。企业进行促销需要防止客户对促销上瘾，从而培养出"交易型"客户。

折扣是为了回报客户的某些行为（如早结清账单、批量采购和淡季采购等），调整基本价格。折扣的形式多种多样，可以以现金形式提供折扣，也可以以代金券形式给出折扣。

贸易折扣形式，即制造商向履行了某些功能的贸易渠道成员提供的一种价格优惠，如推销、存储和账目记录；季节折扣形式，即卖主向那些购买非当季产品或服务的客户提供的一种价格优惠或者折让形式，即根据价目表给客户以价格折扣的另一种类型。例如，旧货折价折让，就是当客户买了一件新产品时，允许交换同类产品的旧货，在新货价格上给予折让。

补贴是根据价格清单为客户提供的另一种价格优惠，其常见形式是旧货补贴，即给在购买新产品的同时交换旧产品的客户的一种价格优惠。

分段定价是通过两种或多种价格销售产品或服务，但是价格的差异并非来源于成本的差异，而是为了体现客户、产品或地域等方面的差异。分段定价的常见形式有以下几种。

- 客户细分定价：产品相同，不同客户支付不同价格，如电影院学生优惠价。
- 产品式样定价：不同样式的产品价格不同，如大包装和小包装价格不同。
- 地点定价：在不同的地点制定不同的价格，如演唱会不同位置价格不同，但其成本一样。
- 形象定价：企业根据不同的形象，给同一种产品制定不同的价格，如农夫山泉通过请国际设计师重新设计包装，卖到 70 元一瓶。
- 渠道定价法：可口可乐针对产品是在高级餐厅、快餐店和自动售货机出售而制定不同的价格。
- 时间定价：价格随季节、日期的变化而变化，如酒店工作日价格较低、周末价格较高。

这种价格调整策略通常在以下几种情况下使用。

- 第一市场必须能够细分，而且这些细分市场要显示不同的需求程度。
- 低价细分市场的人员不得将产品转手或转销给高价细分市场及其人员。
- 在高价细分市场中，竞争对手无法以低于成本的价格出售。
- 细分市场的费用不应超过差别定价所得的额外收入。
- 请注意，分段定价不能引起客户反感或敌意。
- 航空公司对第一排和紧急出口的差别定价，可能会导致一部分乘客反感。
- 旅游淡季、旺季不同的定价不会引起客户的反感。
- 差别定价形式不能违反法律。

心理定价是非常常见的一种价格调整策略。企业运用心理定价时，考虑的是价格对客户的心理影响，而不仅仅是简单的经济方面的影响。对于大多数客户而言，他们缺少技能或者信息来判断是否是恰当的价格。他们没有时间、能力或者愿望来比较不同的品牌、商店的价格，以实现比较划算的交易。相反，他们可能依赖确定的线索，判断价格是高还是低。有趣的是，这样的定价线索通常是由企业提供的，通常有销售量信号、价格匹配保证、亏本销售定价和其他有用的线索。心理定价的常见形式有以下几种。

- "贵的就是好的"心理。当客户缺少相关技能和信息判断产品质量时，如咨询费 1000 元和 10000 元哪个更好。
- 奇偶数定价。以奇数结尾的价格（如 77 元、93 元、97 元、9.9 元）暗示它们比四舍五入的整数价格（如 80 元、100 元）更便宜。
- 在广告中，60%零售产品的价格以"9"结束、30%以"5"结束、7%以"0"结束、3%以其他数值结束。
  - 带小数点的价格暗示销售商计算出了尽可能低的价格。
  - 人们会忽视最后几位小数，而不是在大脑中将它们四舍五入。这让人们在面对那些处于他们经济承受能力门槛上下的产品时，往往会选择购买。
  - 人们看到价格以 98 和 99 结尾时，更可能相信那种产品最近没有涨价。
  - 价格以 98 和 99 结尾的产品，跟那些以 00 结尾的产品相比，更有可能让人们相信前者是在促销。
  - 以 79、88、98 结尾的价格可以向人们传达物有所值的感觉。
- 声望定价。整数价格让人们觉得产品质量更好，如 10000.00 元让人感觉比 9999.95 元代表质量更好。

- 参考价格。这是客户心中的价格，在购买特定产品时会加以参考。客户可能通过观察目前的市场价格、回忆过去的价格经验或参照购买环境形成参考价格。企业在制定价格时，可以影响或利用客户的参考价格。

  - 一个杂货零售商会将售价为 1.89 元自有品牌的葡萄干麦片放在货架上标价为 3.20 元的凯洛格麦片旁边。

  - 一家企业可能通过展示价格很贵但卖得不好的产品款式使客户觉得，同类产品其他款式的价格虽然也高，但是相比而言还是比较容易接受的。

  - 即使很小的价格差异也能反映产品差别。例如，在一项研究中，人们被问到仅仅依据价格：299 元或 300 元，他们更倾向于购买哪一个产品。实际的价格只有 1 元之差，但是研究表明其造成的心理差异还是非常大的。更多人偏好 300 元，偏好 299 元的人明显少很多。而且，更低的价格唤起了人们更多地对质量和风险的关注。

  - 一些心理学家认为，每个数字都具有象征意义，企业应该在定价时认真考虑。例如，"8" 是圆的，给人光滑的感觉；而 "7" 是有棱角的，给人一种严肃的感觉。

  - 价格尾数。例如，人们对数字 99 和 101 的感觉有很大不同。如果产品追求高价位而非低价位形象，切记不要用这个方法。

这些实战技巧背后一个重要的理论基础是展望理论（prospect theory），也译为"前景理论"，由丹尼尔·卡内曼和阿莫斯·特沃斯基教授提出，他们将心理学研究应用到经济学中，在不确定情况下的人为判断和决策方面做出了突出贡献。这个理论具体的体现有"锚定定律""比较系统"等形式。

随着科技的快速发展，大数据的应用技术越来越成熟，这使得动态定价越来越受欢迎。通过大数据支持，企业可以对客户非常了解，现在许多互联网企业都使用这种价格调整策略，如百度、今日头条。目前，越来越多的传统企业加入了这个行列，如航空公司的机票、酒店的房间等。这种价格调整策略可以让企业利润最大化，但要小心客户反感，一不小心就会毁掉客户关系。

案例 5.10　51 信用卡的暴力催收引发严监管

💲 案例背景

2019 年 10 月 21 日，国内最大的线上信用卡管理平台 51 信用卡迎来一场突如其来的调查。据《北京商报》报道，杭州警方突袭 51 信用卡公司总部，带走部分工作人员。这场调查对市场造成了巨大的影响，更让 51 信用卡陷入了舆论的漩涡。作为国内互金行业中的"明星企业"，51 信用卡自成立至 2019 年几年时间，获得过小米、京东、顺为资本等多家知名企业的融资，并于 2018 年 7 月在港交所上市。在"明星光环"的映衬下，这次调查变得格外引人注目。当日，51 信用卡股价下跌超过 34%，收盘价为 1.77 港元。

针对此次突击的原因，10 月 21 日晚，杭州警方对外称"51 信用卡涉及大量各地异常投诉信息。经初步调查发现，51 信用卡委托的外包催收公司存在冒充国家机关采取恐吓、滋扰等软暴力手段催收债务的行为，涉嫌寻衅滋事等犯罪"。

51 信用卡并不是个例，而是一部分网络借贷平台、小贷机构的缩影。2019 年 8 月，曾有多名投诉人投诉 58 金融旗下"58 好借"涉嫌自动促成借款、利率超法定红线、默认勾选尊享服务费、14 日便催款涉嫌"714 高炮"、不合理催收等。"58 好借"的利率受到多方投诉，被诉利率远超法定红线，高达 70.65%。

在行业公债风险加剧及用户信息监管存在缺口等情况下，某些网络借贷平台、小贷机构往往选择通过违规手段来提高自身收益率，即放贷给次级用户，通过暴力催收来提高还款率，这种行为显然不利于行业的健康发展。据中国裁判文书网的数据统计，截至 2019 年 10 月，涉及暴力催收的庭审案件高达 300 多起，其中近 20% 涉及刑事犯罪。

2019 年 7 月 23 日，最高人民法院、最高人民检察院、公安部、司法部印发《关于办理非法放贷刑事案件若干问题的意见》的通知，明确非法放贷入刑认定标准，实际年化利率超 36% 即涉刑事责任。此外，为强行索要因非法放贷而产生的债务，实施故意杀人、故意伤害、非法拘禁、故意毁坏财物、寻衅滋事等行为，构成犯罪的，应当数罪并罚。

$ 案例分析

上述案例所说的"58 好借"的实际年利率高达 70.65%，远远超过法定的 36% 刑事责任红线。这种产品定价的策略仅仅考虑一时的利益，根本无视行业的健康发展。

由此可以发现，因 51 信用卡的暴力催收事件，当前监管对于暴力催收的打击力度变大。但在打击的同时，对于信贷业务中重要的合法催收的界定尤为关键，监管既要"堵"，也要"疏"。而"疏"需要建立在外部环境的基础上，通过完善征信建设、失信纳入、法律诉讼等手段和措施，加大合规催收的政策力度，从根本上减少"老赖"、逃废债的现象。

2. 价格变动策略

企业在运营过程中会面临两种价格变动的情况：一种是自己主动变价，另一种是被迫变价。下面我们介绍一下企业面对这两种情况应该如何做。

主动变价通常是企业认为价格变动（降价或涨价）有利可图。企业常见的降价的理由有：生产力过剩（供过于求）；面对强有力的价格竞争（不降价，客户就要跑了）；经济衰退造成市场整体需求减少；有低成本的优势，想利用这个优势成为市场领导者；成本比竞争对手低，降价以获得更大市场份额。事物都有两面性，降价不当就会带来一系列风险，例如，若企业降价没有充分的理由或者没有跟客户解释清楚理由，客户会认为产品质量降低；仅通过降价一个手段无法长期提高市场占有率，所以不要把降价当成一种常用的策略；还需要防止资金实力更强的竞争对手跟进，把自己拖垮。

企业常见的涨价的理由有：想大幅增加利润，成本增加，供不应求。在成本增加情况发生时，企业最好不要马上涨价，应该尽量节约成本，如果无法做到的话再涨价，而且要尽可能提前向客户解释清楚或者给客户尽可能长的缓冲期。对于供不应求的情况，企业最好不要涨价，而是可以对客户限额供应。

无论降价还是涨价，企业都要考虑清楚客户对价格变化的反应，且一般都有正反两种反应。降价可能让客户联想到目前的产品要被新产品替换了，或者产品发现什么缺陷了，或者企业财务状况不佳等。涨价会阻碍销售，但也会让客户觉得产品变热门了或者产品可能质量更好了。另外，无论降价还是涨价，企业都要考虑清楚竞争对手对价格变化的反应。

在被迫变价调整中，企业需要考虑如何应对竞争对手价格的变动。企业需要时刻监控竞争对手的价格变动，一旦竞争对手降价了，不要马上跟进，而是问自己几个问题：如果企业不做任何回应的话，对自己的市场份额和利润可能产生什么样的影响？别的企业会做出改变吗？若没有严重影响，企业可以维持目前价格，继续观察竞争对手价格变动带来的影响。若有严重影响，企业需要考虑竞争对手为什么要变动价格？价格变动是暂时性的还是永久性的？若不是永久性的（这是上面提到的价格调整，如短时促销），企业也不需要跟进，保持紧密观察即可。若是永久性的价格变动，企业需要分析降价是不是最佳的应对手段？除了降价，企业可以采取的手段有：若产品质量已经优势明显就需要通过客户的质量感知度，提高质量和价格换一个赛道竞争，或者引入低价产品等。若降价是最佳选择，企业仍然需要观察竞争对手的降价幅度，基于不同降价幅度做出不同的反应。例如，竞争对手降价幅度很小，企业可以采取一些促销手段应对；若竞争对手降价幅度对客户购买行为产生了中度影响，企业需要降价为竞争对手降价幅度的一半，继续观察；若竞争对手降价幅度是非常明显的，严重影响了客户的购买行为，企业需要降价到竞争对手的水平。

5.5 传递价值的网络

如果一个企业按照本书内容一步步走到现在，这个企业应该已经有了差异化战略，并实现了提供物的商品化，为这个提供物设立了价格体系，确定了品牌元素和价格策略。换句话说，企业已经实现了在企业战略中定义差异化的客户价值。接下来，企业需要把这种价值传递给它的目标客户。在传统营销中，营销人员主要关注这个传递价值的网络的供应商、经销商和客户这三个点。面对经济新常态下的新营销，营销人员必须用更全面的视角来管理传递价值的网络，营销人员还应该考虑员工、股东、代理商、物流、金融机构、营销机构等利益相关方。营销人员应该从端到端全流程的角度出发，对这些传递价值的网络进行管理和评判。企业在价值传递网络（以下简称"价值网络"）中做的任何决策和其他营销决策，如产品决策、定价决策和促销决策，都是息息相关的。价值网络决策对客户是否能够顺利地使用和消费提供物有着至关重要的影响。营销人员需要能够很好地回答下面三个问题。

- 企业需要渠道吗？
- 企业如何建立渠道？
- 企业如何管理渠道？

在价值网络中，一个企业无论想还是不想它都需要有股东、员工、客户、金融机构和营销机构才能维持运营。不是每个企业都需要渠道（供应商、经销商、代理商、物流等），是否建立渠道是管理层需要面对的重要决策。如果一个企业决定建立渠道，需要投入大量的人力、物力和时间去建立和管理渠道。一旦企业决定建立渠道，其定价就需要考虑渠道因素的影响，如线上和线下价格体系如何协同，产品决策也需要考虑是否为不同渠道开发不同的产品，其销售力量和渠道销售力量如何和平共处产生协同效应，其促销行为如何配合渠道需求，渠道管理部门如何制定渠道政策、监管渠道表现、激励渠道，甚至其营销策略中的市场细分、目标客户和定位都可能因为渠道而有所调整。如果一个企业决定去掉现有渠道用自己的销售力量取而代之，这也是关系重大的决策之一，不少企业有过非常惨痛的教训。我见过不止一家企业因为对现有渠道业绩不满意，鲁莽地对现有渠道采取收缩战略，造成业绩进一步下滑，想要重用渠道困难重重。

直销曾经是戴尔差异化竞争的独特优势，帮助其一度成为全球 PC 的最大制造商，戴尔一直以自己直销模式下带来的客户定制化和成本优势为豪。直到进入 21 世纪不久，戴尔发现建立渠道的必要性，但让经销商信任一个以直销起家的企业会认真做渠道并不是一件容易的事。经过低调精心筹备后，戴尔终于对外公开了其渠道战略，并花了若干年才真正建立起自己的渠道网络。营销人员需要综合考虑营销决策，争取为客户创造最大价值，并使企业利益最大化。然而，这不是一件简单的事情，营销人员应该从"企业需要渠道吗？"这个问题开始。

5.5.1　渠道的必要性

不是每个企业都需要渠道，在回答"企业需要渠道吗？"这个问题时，营销人员需要从"5 流"的角度考虑：实物流、所有权流、资金流、信息流和推广流。对于一些互联网企业而言，如领英、Boss 直聘等，它们没有实物流，但通常所有企业都会有所有权流、资金流、信息流和推广流。企业需要通过执行销售、运输或传递、服务功能完成营销的过程，若企业决定自己执行这些功能，它就不需要渠道。企业也可以将部分功能转移给渠道执行，比如供应商可以把原材料所有权卖给制造商，制造商把商品所有权卖给经销商，经销商把产品所有权卖给客户，反过来客户把资金通过银行结算系统发给经销商，经销商通过银行结算系统把部分资金发给制造商，制造商付给供应商（所有权流和资金流通常是实时、正反向前后发生的，比如客户付款给经销商，经销商把产品给客户）。那么，企业如何确定是自己执行全部功能（不用渠道）还是转移部分功能给渠道执行（用渠道）呢？企业可以通过问自己三个问题来得到答案。

- 企业自己有能力执行全部功能吗？即便像中国移动这样的企业巨头，也无法通过自建的营销网点来取代数以万计的经销商网点。
  - 财务上是否需要渠道垫资。
  - 客户是否需要灵活付款，企业付款政策是否能满足客户灵活付款的需求。例如，许多外企都需要本地的一些代理商帮助其满足中国客户灵活付款的需求。
  - 客户采购量是否可以满足企业最低销售量需求。例如，一个客户一次通常就买一部手机，但华为无法做到一个订单就生产一部手机，需要渠道解决批量生产（厂商需求）和零售（客户需求）之间的矛盾。
- 每种功能企业自己执行还是渠道执行效率更高。通过回答这个问题，企业可以确定哪些"流"给渠道做，是部分还是全部转移给渠道。
  - 客户关系方面，企业是否有能力做得比渠道更深、更专业。通常不同经销商都有自己深耕的客户群，对于这部分客户，企业一般比较难做到经销商的水平。例如，IBM 每个行业都有自己的系统集成商帮助其扩展客户群。

- 在收集客户信息、竞争对手信息和营销环境信息方面，企业在多大程度上需要依靠渠道来完成。现在，腾讯系、淘宝系、字节跳动系、百度系掌握着中国绝大部分客户的信息。

- 企业是否需要渠道分担一部分风险。例如，有的企业在和个人合作时，通常会通过第三方劳动服务公司进行付款，这些第三方公司因为负担了一部分财务风险而获得一定的报酬。

- 产品推广促销方面，哪些由厂商执行？哪些由渠道执行？哪种方式效率更高？通常企业提供品牌支持和部分促销支持，并对渠道的促销活动提供部分物料和指导。

- 企业自己把产品交付到客户手里更有效？还是通过物流服务商更有效？随着中国物流行业的快速发展，专业的物流公司成为越来越多企业的第一选择。

- 企业自己为客户提供服务更有效？还是通过第三方服务商更有效？这取决于企业的品牌定位和坚持品牌定位的决心。通常企业的服务团队服务质量更高，但成本较高；企业用第三方服务商成本较低，但服务质量很难维持原有水平。

- 企业是否愿意为更高的效率放弃一些权益。
  - 企业放弃推销产品的控制权。
  - 企业放弃对销售给谁的控制权。
  - 企业放弃一部分利润。

案例 5.11　ofo 消失背后的渠道失误

案例背景

早在 2017 年，投资界大佬就曾提议当时的共享单车两巨头摩拜与 ofo 合并，表示市场已经明显饱和，行业格局已定，摩拜与 ofo 两家公司占据了整个市场 95%的份额，但每个月仍然要投入大量资金进行运营，唯有两家合并才有可能盈利。

关于合并，两家公司均给予了否定的态度，但摩拜更早向资本妥协，接过了美团递来的橄榄枝。而 ofo 这边，创始人戴威始终没有放弃他对于理想的渴望，拒绝将 ofo 拱手让出，让 ofo 错过了估值的最高点，从"百亿神坛"跌落至"无人接盘"的尴尬境地。

缺少资本扶持的 ofo 负债累累，小黄车也以肉眼可见的速度退出公众视野。如今，我们已难看见小黄车，这也导致公众对 ofo 逐渐失去兴趣，转身走向哈啰、摩拜等共享单车。

而 ofo 不想这样消失，就在用户纷纷要求退押金的时候，一条讯息引起公众注意。2018 年 11 月 23 日，ofo 平台在退还押金过程中出现押金转入网贷平台的提示，要求想退 99 元押金的用户必须同意成为网贷平台用户。活动显示，ofo 99 元押金用户一键升级成为 PPmoney 的新用户后，即认可并同意将 ofo 99 元押金成功升级变为 PPmoney 的 100 元特定资产。用户升级成功后，特定资产默认投资 PPmoney 新手福利项目。该项目历史年化利率 8%+8% 的新手福利，锁定期为 30 天，锁定期满后用户可申请退出，并在退出成功后可获取相应本息。ofo 与 PPmoney 合作页面如图 5-16 所示。

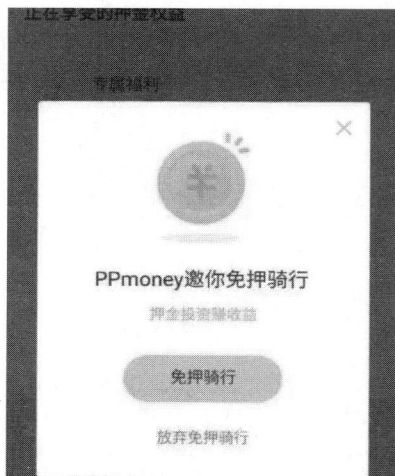

图 5-16　ofo 与 PPmoney 合作页面

案例分析

ofo 在投资界已对其失去兴趣、公众纷纷要求退还押金的时刻，选择与 PPmoney 渠道合作的决策显然是错误的，原因有以下三个。

首先，此次合作采用的是强制引流的方式，用户必须先成为 PPmoney 的用户才能退押金，这显然违背了广大用户的选择权利，进一步抹黑了 ofo 的企业形象。

其次，2018 年正处于 P2P 的行业洗牌阶段，频频发生爆雷事件，投资者必须清醒地意识到风险和收益的紧密关系。收益高，风险自然也高，这是不变的定律。目前，大部分银行"××宝"的货币基金年化收益才不到 3%，而 PPmoney 的 8%+8% 的新手福利是前者的 5 倍有余，背后风险可想而知。

最后，目前国内投资者关于理财风险的意识有待加强，毕竟要从以前的"刚兑"理念中转变过来需要一定时间，而此时 ofo 不负责任地向用户推荐高收益产品，显然是"不厚道"的。

ofo 选择与 PPmoney 渠道合作，直接导致了舆论的压力和各方的关注。后来，ofo 意识到事态的严重性，虽然下线了活动，但导致 ofo 后续的负面新闻层出不穷，加速了用户押金的流失，导致公司现金流愈发紧张，不惜多途径兜售流量而影响用户体验，从而陷入恶性循环。ofo 的合作渠道的决策失误可谓是惨痛教训，其他企业不能不引以为鉴。

5.5.2　如何建立渠道

一旦企业确定需要建立自己的渠道，下一步就是做出尽可能正确的渠道设计决策。渠道设计的原则是：任何好的渠道设计都开始于分析客户需求。这很好理解，渠道是价值网络的一部分，其目的仍然是把商品化的客户价值传递给客户，满足客户的需求。建立渠道的五步骤如图 5-17 所示。

图 5-17　建立渠道的五步骤

1. 客户需求分析

企业设计渠道时分析客户需求和制定营销战略、管理产品、管理促销等营销活动时的客户需求分析角度是不一样的，这里需要分析的是客户在购买过程中的不同需求，比如是否可以有多种选择进行比较，是否能很快得到产品，是否可以按照自己的想法灵活购买不同数量的产品，是否能跟进自己的情况、享受定制化的服务，等等。表 5-16 展现了按照客户购买流程先后动作排列的常见客户需求所对应的三种不同附加值的渠道选择。值得注意的是，这三种渠道选择中的特点是可以任意组合的。现在越来越多的企业执行线上和线下渠道融合方案，以便更好地满足日益精细化的客户需求。例如，客户可以在天猫 Zara 店选择心仪的款式，然后在网上付款，顺丰在第二天把衣物送货上门，也可以在选择完款式后，因为正好要到有 Zara 店的 mall 里面吃饭，在吃完饭后顺便去 Zara 实体店试一下实际效果，然后付款把衣服带回家；反过来，另一个客户可能是先到 Zara 实体店试好款式和大小，然后等"双十一"到来时，用更低的折扣在网上买下它们。

表 5-16　常见客户需求对应的三种不同渠道

客户购买流程	客户需求	三种渠道		
		高附加值渠道	中附加值渠道	低附加值渠道
选择商品	选择的多样性	多类产品可以选择（如商场、线上商城等）	少数或某类产品可以选择（如便利店、IT 系统集成商等）	某种产品可以选择（如专卖店）
获得商品	交通成本	从更近一点的地方购买产品	可以从远一点的地方购买产品	不出门购物（如电话或者互联网）
	购物效率	即刻得到产品（如实体店）	不用即刻得到产品（如京东、天猫等）	不急（如海外购）
	订单规模	大批量	小批量	一件
购后	增值服务	需要大量增值服务（如家具家电送货、修理和安装）	愿意从别的地方获得这些服务（如衣服的清洗）	不需要服务（如日用品）

企业通过渠道为客户提供的选择性越多、便利性越高、增值服务越多，客户通常越满意，但企业付出的成本越高。若企业为了节省成本，其渠道尽可能提供仅满足客户基本的购物需求，则客户购物体验通常不会太好。每个客户都希望用最低的价格享受最好的购买体验，但研究表明客户通常更愿意放弃一些服务而选择价格水平较低的产品，所以企业必须在满足客户需求的可行性和成本与客户偏好的价格之间找到平衡点，以便满足客户的需求。

另外，营销人员如果发现不同的细分市场（在制定营销战略时已经确定）客户的购买需求是不同的，应该根据不同的细分市场客户的购买需求选择最佳渠道。例如，在 1～3 线城市，客户可能更习惯线上线下融合的购买方式，而 4～6 线城市的客户可能更习惯在实体店购买，所以同一个企业若想覆盖 1～6 线城市的客户，在 1～3 线和 4～6 线的渠道选择上就会不完全一样。

2．设定渠道目标

在确定了每个细分市场的客户需求后，营销人员需要为每类渠道设定目标。目标分为定性和定量两个维度。从定性的角度，营销人员需要根据细分市场（营销战略中确定了）、企业的渠道战略（是否需要渠道中确定了）、产品的特性（产品管理中确定了）、竞争对手（竞争战略中确定了）、营销环境（市场洞察中确定了）设立对应的目标。

　　例如，一家专注于提高青少年纯正口语水平的教育机构，其营销战略是帮助 3～6 线城市小学到初二的学生提高英语口语水平，其产品是外教授课。其外教都是来自哈佛、剑桥的学生，在 3～6 线城市这个领域采用的是补缺竞争战略。目前，营销环境中经济处于不景气时期，政策法规上国家大力支持教育事业的发展，新冠肺炎疫情带动了线上教育的快速发展。2020 年以前，此机构的渠道目标是：负责 3～6 线城市小学和初中二年级学生口语班的招生工作。因为经济的不景气，此机构在 2020 年增加了线上授课形式，与此对应其增加了自己的人员销售团队，希望通过更短的渠道（自己的销售也是渠道选择之一）将产品推入市场。其自有销售渠道的目标是，负责 3 线城市小学和初中二年级学生口语班的招生工作；而其代理商和经销商的目标是，负责 4～6 线城市小学和初中二年级学生口语班的招生工作。

　　定性的目标确定后，营销人员很容易通过企业整体的营销目标及渠道战略制定出每类渠道的定量目标。当确定每类渠道中的具体代理商和经销商后，可以把这个定量目标细分到每个代理商和经销商。

　　请注意，在实战中，渠道目标需要把渠道满足客户什么购买需求、满足的标准和水平，满足客户购买需求行为的产出描述出来。

3．设定渠道结构

　　基于客户需求确定渠道目标后，营销人员需要设定渠道的结构，依据同样是客户需求。设定渠道结构是指营销人员需要确定用什么类型的渠道、用多少渠道和渠道应该负什么责任。

　　渠道的种类有企业的人员销售、经销商（零售、批发、代理商等）、电话销售、网络销售（电商、微商等）。每类渠道有各自的优劣势，营销人员需要基于客户需求寻找以最小代价满足最多客户需求的渠道类型。表 5-17 比较了每类渠道在主要功能方面的优劣势。整体来说，企业用直销的方式可以把客户资源牢牢掌握在自己手里，即掌控着自己的私域流量，这在流量越来越重要的今天是很有吸引力的一点，但对企业的资源有很严格的要求。企业使用经销商/物流商渠道的好处是用较低成本服务更多的客户，缺点是客户扩展力较弱且渠道管理和控制难度大。在现代营销实践中，企业往往采用渠道类型组合而不是单一的渠道类型，以便付出最小的代价提供最佳的客户体验。例如，中国平安保险有自己的保险销售员、电话销售、好福利 App 和众多的保险代理商。

表 5-17　渠道在主要功能方面的优劣势

种类	销售成本	营销信息	促销	交易复杂性	客户关系	运输	客户服务	风险	财务
直销——人员销售	最高	直接掌握	全部自己负责	可以处理的复杂程度最高	有深度，但难以有资源把每个客户都做深	昂贵的选择	最佳	自己承担全部风险	自己承担全部财务要求
直销——电话销售	较高	直接掌握但不全面	促销手段受到一定限制	低	较低	不适用	可以接受	自己承担全部风险	自己承担全部财务要求
直销——网络销售	较低	直接掌握，易于数据化管理	以数字化营销为主	较低	低	不适用	不友好	自己承担全部风险	自己承担全部财务要求
经销商/物流商	高	间接掌握或者不易得到	经销商负担一部分促销功能，但需要厂家支持	高	每个客户建立关系的成本低于企业自己覆盖	较经济的选择	好	厂商分担部分风险	厂商分担部分财务要求

　　营销人员如何确定需要的渠道模式呢？基于客户需求和企业战略目标，确定是用密集性分销、专营性分销还是选择性分销。

　　密集性分销模式常见于快消品，因为快消品制造商总是希望其客户在尽可能多的销售点找到其商品。销售点越多，可以覆盖的客户越多，理论上购买的客户就应该越多，但实际上过快的渠道扩展带来的往往是短期的收入增长，打击的是企业长期的绩效，甚至是企业的生存。这是因为在过快的渠道扩展中，企业对渠道的管理能力往往跟不上渠道的扩展速度，管理的缺失会直接造成客户体验的降低。随着时间的推移，越来越多的客户会选择其他品牌。

　　专营性分销最常见的一种形式就是各种专卖店，如汽车 4S 店。专营性分销中经销商通常同意不经营竞争对手的品牌。企业选择这种模式的原因通常是，企业需要对经销商提供的服务水平和服务网点（每个网点可以覆盖一定范围的客户）进行严格管理。

　　处于密集性分销和专营性分销之间的形态是选择性分销，即企业在愿意经销其产品的经销商中选择一部分经销商（而不是来者不拒）来经销自己的产品。在这种模式下，企业不用担心经销商过多带来的管理风险，同时自己不用花费太多时间和精力就能获得期望的市场覆盖率。

　　表 5-18 从市场覆盖面、对渠道的控制权、需要付出的成本和通常的品类四个维度对上述三种渠道模式进行了比较。营销人员在确定渠道模式后，可以基于企业具体的业绩目标，选择这种模式下具体需要的经销商数量。

表 5-18　三种渠道模式的比较

渠 道 模 式	市场覆盖面	对渠道的控制权	需要付出的成本	通常的品类
密集性分销	高	低	高	日用品、普通原材料
专营性分销	低	高	低	奢侈品、宾利汽车
选择性分销	较高	较高	较高	电视机等家用电器、家具

　　在设计渠道结构的最后一步中，营销人员需要明确企业和渠道之间的责、权、利。其中，比较关键的有价格政策、销售条件和区域权力。在价格政策中，企业主要的任务是为中间商建立一个价目表和一套清楚的折扣目录。在销售条件中，企业要明确对经销商的付款条件（如业绩返点、现金折扣等）和生产商承担怎样的担保（如免费退换货、滞销包退、价格下跌补偿等）。区域权力是贸易关系组合的另一个要素，经销商需要知道自己在哪些地区有特许权，以便把这个区域的销售都归功于自己。一个好的区域权力规则可以在一定程度上减少串货和激励经销商深耕自己的区域。在确定企业和渠道之间的责、权、利时，营销人员必须谨慎界定双方的责任和权力，尤其是在特许经营和专营性分销的渠道中。这跟企业和客户签订合同的严肃性是一样的。

4．评估和确定渠道方案

　　现在，营销人员已经有了一个或几个渠道方案，每个方案里面都明确了渠道类型、渠道数量和企业与渠道之间的责、权、利。下面营销人员要做的就是从中选择出最佳的渠道方案（若只有一个方案，有两种结果：可行或不可行。不可行的话，营销人员需要基于评估的结果，重新制定新的渠道方案）。营销人员可以从是否性价比较高、是否能保留尽可能多的控制权及渠道是否有比较好的成长性角度评估每个方案。

　　营销人员可以比较哪个渠道带来的销售量大？例如，自己销售与渠道方案的比较。这里需要注意的是，随着销售量的变化，每个渠道的销售成本也是变化的，所以营销人员需要估计每个渠道的销售量对应的成本，下面是一些参考经验。

- 某个销售量公司和渠道的销售成本相同，在这个点到来之前，用渠道成本更低。
- 用低成本渠道取代高成本渠道，如淘宝取代了许多线下渠道。
- 慢慢淘汰经济性差的渠道。

- 低成本渠道通常低接触率，所以越复杂的产品越需要高接触率的渠道，如人员销售。
- 生产商可以通过让利给客户，鼓励他们使用低成本渠道，如网上订票更便宜。
- 生产商可以对使用高成本渠道的客户收取高额费用，以促使他们转换到低成本渠道。

企业之所以需要尽可能多的控制权，是因为渠道关心的是谁买的多，而不是谁家的产品卖的多（专营性渠道除外），所以在制定企业和渠道之间责、权、利的政策时，如何在控制和激励渠道中找到平衡点是营销人员需要考虑的问题。在其他条件相同的情况下，企业通常希望尽可能多地保留控制权。当今的市场变化极其迅速，在这种非持久和不确定的市场环境中，企业需要高度适应性的渠道去应对快速变化的市场。如果渠道对市场变化的响应能力有限，将带来一系列新问题或者新情况，所以营销人员应该在经济性和可控性的基础上考虑渠道的长期承诺。

5．选择具体渠道成员

在渠道方案确定后，营销人员需要基于这个方案选择可以实施方案的具体渠道成员。例如，前面几步确定了渠道目标是中国一二线城市的中高消费群体，渠道类型是零售商，渠道模式是选择性分销，渠道需要执行一部分促销、财务、信息功能，在完成×××年销售额的基础上，企业会给予一定的返点奖励。营销人员在这一步需要选择符合这个渠道方案要求的具体的渠道成员，如一二线城市的沃尔玛、7-11便利店、天猫、京东等（而不选择 3～6 线城市的沃尔玛或者一二线城市的社区便利店）。

营销人员可以从经商年限、经营的产品的数量和特征、客户类型、地理位置、推销团队的规模和素质、成长和盈利记录、偿付能力、合作态度、声誉等角度评估、选择具体的经销商，下面是一些参考经验。

- 若企业希望和竞争对手在同一个店面或者同一区域竞争，选择的渠道需要能满足这一点。例如，麦当劳和肯德基总是选择有对方的商场。
- 销售时令产品的企业需要更加直接的营销方式，以避免耽搁时间和经历过多的中间交易。例如，水果、生鲜产品。
- 易腐品要求有直接运输能力的渠道。

5.5.3 渠道管理决策

渠道体系建立后，营销人员的工作并没有结束，营销人员还需要对渠道进行高质量的管理、监控和评估。渠道管理的三步骤如图 5-18 所示。

图 5-18　渠道管理的三步骤

这就像企业招聘员工进入企业，仅仅是合作的开始一样。企业可以把每个渠道看成自己的一个团队，渠道的负责人就是这个团队的领导者，渠道的其他员工就是这个团队的组成成员。当营销人员用这样的视角去看待渠道时，复杂的渠道管理决策就变得清晰和简单了。

1. 渠道能力建设

前面的渠道建立过程如同员工招聘过程，之后就是渠道如何管理（对应员工如何管理），所以我们可以借鉴员工管理的一些思路。若一个团结合作的团队中每个员工都是高绩效员工，则这个团队就是一个高绩效团队。一个高绩效员工通常有两个特点：愿意做和能做。营销人员若可以管理好每个渠道的这两方面，渠道的绩效自然不会差。营销人员在管理渠道这两方面的思路和团队领导管理团队成员是一样的，但在具体做法上不能完全照搬。营销人员应该专注在激励渠道负责人"愿意做"，而不要直接（需要间接）插手渠道内部员工愿意做和能做，这应该是渠道负责人要做的事（营销人员可以提供必要的支持和协助）。

营销人员可以借鉴企业在员工管理上的五种力量来激励渠道负责人"愿意做"。营销人员可以利用"推"的方法让渠道负责人不得不做，如和渠道签订的合同条款约束力、奖励（较高的利润、奖金、合作性推广补贴、上架津贴、销售竞赛、特殊优惠等）和惩罚制度（收回资源——威胁减少利润或者其他已有奖励，暂缓交货甚至终止合作），还可以利用"拉"的方法激励渠道负责人主动做，如品牌力量——渠道以和企业合作为荣，专业力——渠道看重的某些企业才有的专业能力。

关于渠道员工的管理，这是渠道负责人的责任，企业营销人员在选择渠道的过程中应该已经评估过渠道负责人的领导能力，现在需要做的就是支持和协助渠道负责人建立和发展渠道员工"能做"的能力（一般情况下，除非渠道负责人主动要求，否则企业的营销人员不应该主动参与渠道员工"愿意做"的管理部分）。企业营销人员通过提供定期有针对性的培训，可以帮助渠道负责人提高渠道员工"能做"的能力。例如，思科要求其渠道工程师需要通过思科一系列认证考试。很多企业虽然没有自己的认证考试，但是会定期或不定期培训其渠道员工。培训这件看上去不太难的事，企业在实施过程中有下列常见的错误。

- 企业没有详细的培训计划，想到缺什么就临时培训，无法有效建立知识体系。
- 企业有详细的培训计划，但在落实过程中重视度不够，培训时间往往被其他时间占用，没有认真落实培训计划。
- 企业营销人员对自己销售的培训比对渠道销售的培训更上心。

2. 监控和激励

企业营销人员需要对渠道哪些工作进行监控呢？依据就是在渠道设立时确定的企业和渠道之间的责、权、利，落脚点就是双方的合同。在实际工作中，常见的监控内容有共同制定的销售目标、战略方向、存货水平、推广的计划、销售情况、市场地位、服务能力、财务情况等。监控是为了了解情况，营销人员还需要利用激励手段使渠道的行为朝自己希望的方向发展。下面是企业不希望看到的一些典型渠道行为。

- 把每个厂商的产品放在一起推荐，客户愿意买哪家的就主推那家的商品。
- 大量营销信息丢失，甚至对企业刻意隐瞒。

下面是企业营销人员可以使用的监控和激励经验。

- 企业营销人员不能认为把商品给经销商就算完成了销售，要和经销商一起把商品销售给客户。
- 根据每个渠道的客户需求，尽量了解每个经销商的不同需要和欲望，这样才能激励到位。
- 精细化管理。建立职能性奖罚制度，基于渠道成员对每项约定的服务表现进行奖罚。
- 合作有回报（特点是：效果好，代价大）。
  - 较高的毛利。
  - 特殊优惠。
  - 各种奖金。
  - 合作性广告补贴。
  - 陈列津贴。
  - 推销竞赛。
  - 强制力量。
- 不合作就不把商品给经销商。短期有效果，但损害长期关系和渠道的主动性，慎用！
- 必要的时候要用法律手段。

较有效的方法是用数字化系统把企业、供应商和经销商联系在一起，企业和供应商、经销商一起建立一个纵向营销管理系统。企业营销人员可以和经销商联合制定销售目标，监控存货水平、铺面空间和产品陈列情况，跟踪销售情况、广告和促销情况，这些信息可以实时传到供应商端。这种方法的实质是把企业、供应商和经销商原来的工作伙伴关系变为更紧密的客户关系。从执行角度，通过一体化营销系统把原来三个独立运作的组织整合成一个体系，其核心逻辑是多赢。例如，甲骨文公司现在可以运用合作伙伴关系管理（PRM）软件和供应链管理（SCM）软件来招募、训练、组织、管理、激励和评估它与渠道伙伴的关系；亚马逊用有效客户响应系统（efficient consumer response）把制造商和经销商联系起来，这个系统可以让制造商看到为了满足一个零售链的需求所消耗资源的实际成本，利用电子数据交换（EDI）技术提高了制造商管理存货、装运和促销的能力，通过连续补充方案（CRP）使得制造商在实际和预测需求量的基础上补充商品，通过交叉流动式码头使得运往零售分销中心的大宗货物经过再装运后直接运往各个商店，以减少或避免在零售中心存储的时间。

3．评估渠道成员的绩效

企业营销人员除了需要在日常管理工作中对渠道进行监控和激励，还需要定期对渠道的工作进行整体评估，基于评估结果对渠道进行改进。那么，企业营销人员需要评估渠道成员哪些方面的表现呢？下面是一些常用的指标。

- 销售任务完成情况。
- 平均存货水平。
- 如何处理损毁及丢失产品。
- 产品或服务的交付速度。
- 售后服务。
- 对企业促销和培训项目的配合度。
- 管理水平。

在得到评估结果后，企业营销人员有可能面对两种情况，一种是仅需要对具体渠道进行如下操作。

- 认可并奖励表现良好的经销商。
- 帮助渠道更好地为客户创造价值，而不仅仅是作为客户购买商品的一个点。
- 为表现不好的渠道提供帮助。
- 对于实在无法改善者，营销人员应该果断采取措施，重新选择渠道。

另一种是对现有渠道策略进行调整。营销环境时刻在变化，没有一个渠道策略可以满足整个市场生命周期和产品生命周期的每个阶段的要求。例如，客户的购买习惯发生变化（如线上教育的快速发展），市场扩大或缩小（如中国越来越多企业走出国门，以及全球化交织的市场环境），新的竞争对手出现（如哈啰出现在出行行业）。

　　企业刚刚成立时，往往面临的是说服渠道和自己合作，这种情况很难一下子找到最佳的渠道策略和渠道伙伴。随着企业的发展，企业在渠道建设上有了更多选择，比如有的企业在农村选择小卖铺、在小城市选择零售商、在大城市选择批发商或零售商，具体的调整方法请参考前文内容"如何建立渠道"。

第**6**章

进入市场

本章内容

- ❏ 专业的整合营销方案
- ❏ 高效的拉新留存
- ❏ 营销实战经验

本章案例

- ❏ 案例 6.1　携程"BOSS 直播"带货超 11 亿元
- ❏ 案例 6.2　华夏"云闪付"主题信用卡打造业界第一
- ❏ 案例 6.3　信联科技风靡一时的秘密
- ❏ 案例 6.4　交通银行"长三角信用卡"加快金融服务"同城化"
- ❏ 案例 6.5　信用卡产品"窄众化"的渠道变化趋势

到这里，我们已经完成进入市场之前需要完成的两项重要工作：定义客户价值和实现客户价值。在定义客户价值部分，我们知道了谁是我们的目标客户，他们细分在哪种市场，他们有怎样的需求，我们准备如何差异化地满足这些需求中的哪些需求，即我们的营销战略。通过提供物的商品化，我们制定符合战略和目标的价格体系，将准备提供给目标客户的价值变为现实，我们精心设计的价值网络已经准备好把这些价值传递给客户。下面，我们通过让客户了解价值（让客户知道和了解我们提供的价值）和客户互动（让客户喜欢和偏好我们提供的价值），让目标客户购买我们的提供物，最终成为真正的客户，并体验到我们传播的价值是物有所值或者物超所值，从而成为我们的粉丝，甚至帮助我们去影响其他潜在客户。

本章将讲述如何设计专业的整合营销方案，以及如何高效实施整合营销方案。

6.1　设计专业的整合营销方案

整合营销方案的目的就是传播价值。传播价值有十个要素：向谁传播价值，传播想要达到的效果是什么，传播的核心观点是什么，用什么表述形式表达这个核心观点，用什么类型的传播工具，传播媒介是什么，具体的传播渠道怎么选，具体谁来说需要传播的信息，要花多少钱，最终实际效果如何。表 6-1 是某企业的传播案例，包含了上述传播价值的十个要素。

表 6-1　传播案例

传播价值的十个要素	具 体 表 现
传播对象	职场人士和大学生
传播目标	10000 位认证会员
传播（核心）观点	助力升职、加薪
传播（表达）方式	传播原理
传播载体——工具	广告
传播载体——媒介	关键字
传播载体——渠道	百度关键字、搜狗关键字
传播载体——传播者	产品本身
传播预算	5.6 万元
传播效果	512 位认证会员

究竟发生了什么造成实际情况远远落后于预期的目标呢？要回答这个问题，营销人员需要知道几件事情。

- 如何开展营销传播？
- 目标受众接收信息时如何被影响？在传播过程中，信息是如何被传递的？
- 经济新常态下常见的传播形式有哪些？

6.1.1　如何开展营销传播

客户在做出购买决定时，受到营销 4P（产品、价格、渠道和促销）的刺激和营销环境的刺激。在这些刺激中，4P 是营销人员可以控制的因素，但受到微观营销环境（企业及企业利益相关方）的制约。

营销人员可以通过对周围营销环境的分析，对客户可能遇到的刺激有更好的理解，从而可以尽可能准确地预测客户的购买决定，因为营销人员无法看到客户内心是如何做出购买决定的（如果客户不仔细识别每个影响因素，并细细体会自己的感受和观察自己的决策过程，甚至客户自己也经常弄不清楚是什么影响了他们的购买决定）。

幸运的是，营销人员知道客户在受到营销 4P 和营销环境的刺激后，这些刺激信息会经过客户的选择性注意、选择性曲解和选择性记忆的过滤。这三个选择性如何被过滤，由于客户的文化（受到客户身处文化环境的影响）、社会（受到客户身边社会关系的影响）、个人特征（受到个人人文特征的影响）、个人心理（受到不同心理状态的影响）的不同而有所不同。

营销 4P 刺激和营销环境刺激中的所有信息经过客户三个选择性过滤后，剩下的信息将影响着客户购买决策过程的五个步骤（认识问题、信息收集、方案评估、购买决策和购买行为）的选择。这些选择最终体现在营销人员可以观察到的客户购买行为上，即买什么、买哪家的、从哪儿买、什么时候买和买多少。

营销人员需要不断了解无法观察的影响客户决策的因素和购买决策过程与可以观察的营销 4P 刺激和营销环境刺激之间的联系，然后通过这些理解制定营销战略和营销策略。

6.1.2　传播过程中信息如何被传递

在传播过程中，一个有效的传播需要具备几个关键要素，这些要素组成了一条信息传播过程的闭环。

以百度钱包的广告为例。首先，营销人员需要确定接收信息的目标受众是谁（如白领），以及期望对目标受众（如白领）产生什么影响（如曝光，让白领知道百度也在做电子支付，产品是"百度钱包"）。其次，营销人员需要设计什么样的核心信息达到曝光的目的（说什么），以及怎样表述（怎么说，用什么说，在哪儿说）能高效地达到曝光的目的。当这些信息触达目标受众后，会经过选择性注意、选择性曲解和选择性记忆三个层次的信息处理，原始信息经过处理后才是目标受众接收到的信息，这些信息将决定目标受众采取什么样的行动（如是无动于衷还是采取购买行为）。最后，营销人员还需要收集目标受众的反应，并了解他们为什么会有这样的反应，从而可以在以后提高信息传播的有效性。

这个传播过程会受到各种噪音的影响，比如营销人员因为太多或者太少洞察客户信息（噪音）导致其在设计信息时有所偏差，客户因为复杂的营销环境（如各种各样的其他广告信息、对信息领域的熟悉度等）受到信息的影响的有效性各不相同。因为噪音的影响，营销人员很难全面、准确地了解客户的反馈及相关原因，从而精准地改进信息传播方案。信息传播模型如图 6-1 所示。

```
┌──────────┐      ┌──────────────┐      ┌──────────────┐      ┌──────────────────┐
│          │      │影响谁和影响什么│      │              │      │客户接收信息的方式 │
│ 营销人员  │ ──→  │ 1. 曝光      │ ──→  │ 1. 说什么     │ ──→  │ 1. 选择性注意     │
│          │      │ 2. 互动      │      │ 2. 用什么说   │      │ 2. 选择性曲解     │
│          │      │ 3. 粉丝      │      │              │      │ 3. 选择性记忆     │
└──────────┘      └──────────────┘      └──────────────┘      └──────────────────┘
```

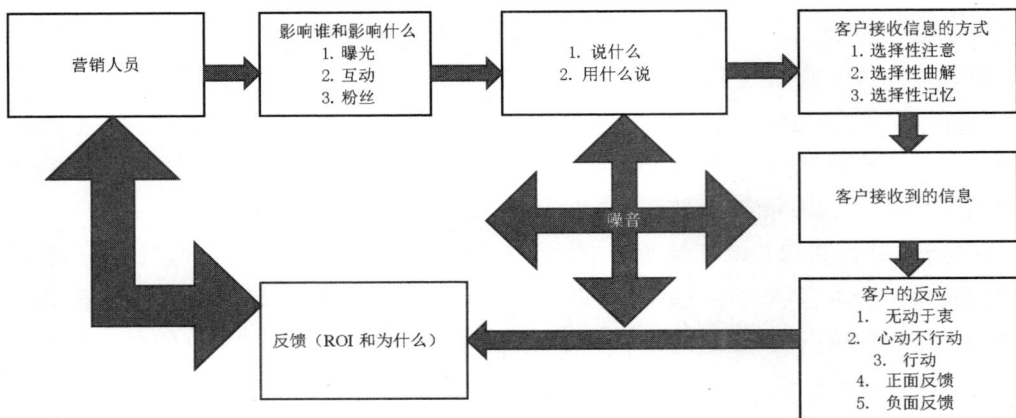

图 6-1　信息传播模型

6.1.3　如何影响目标受众

任何信息的传播都包含传播者（可以是人，也可以是物）、传播的内容及传播的环境三个要素。例如，百度钱包的传播者有电梯广告、今日头条 App、同事等，传播内容有××退出娱乐圈的新闻、跟我学的广告等，传播的环境有电梯间、地铁、餐厅等。每个人每时每刻对接触的信息都在进行着有意识或无意识的选择性注意、选择性曲解和选择性记忆。换句话说，目标受众会有选择性地屏蔽掉 95%的信息，剩下 5%的信息还要经过选择性曲解（目标受众无法 100%理解信息本身想传递的内容）和选择性记忆处理，最后有不到 1%的信息被目标受众记住（不一定 100%和信息发布者希望传递的内容一致）。目标受众只想接收符合他们信念的信息，并且目标受众往往对信息加上原来没有的内容（扩大）。人们只可能在他们得到的信息中维持一小部分的长期记忆。如果目标受众原先对目标态度是肯定的，而信息所复述的又是支持性论点，这一信息就可能被目标受众接收并有较强的记忆；如果目标受众原来对目标态度是否定的，而信息所复述的是反对论点，信息就可能被拒绝。

那么，营销人员应该如何应对选择性注意、选择性曲解和选择性记忆对目标受众的影响呢？

- 信息一开始就应该吸引目标受众的注意，比如用先发影响力、意外、有趣或者好奇。
- 信息应该简明，以便目标受众容易理解。
- 信息必须可信，如数据、背书等。
- 如果营销人员不仅希望目标受众理解和记住这些信息，还希望目标受众采取某种行动，那么信息应该可以激发目标受众的行为，并告诉受众该做什么（如立刻购买），以及具体如何做（如点击下方链接）。营销人员可以采用情感、故事、可见等方法。

- 营销人员需要反复多次传播信息，加深目标受众的印象。
  - 对于认可品牌的目标受众，重复信息能起到唤醒和加强的作用。
  - 对于不认可品牌的目标受众，需要不断重复信息，慢慢改变目标受众对品牌的印象（这些信息必须是真实的）。

请记住，最高明、最有效的说服方式是自我说服。营销人员仅需要提供帮助，如必要的信息，让目标受众自己通过这些信息得出你想告诉他的结论。

6.1.4　经济新常态下常见的营销传播形式

表 6-2 整合了在经济新常态下常见的五大类营销传播形式：广告、公共关系、促销、直接营销和互动营销、人员销售。这些营销传播形式是营销人员用来与客户、其他利益相关者沟通的工具包，目的是传播客户价值、建立客户关系。营销人员使用任何营销传播形式都需要牢牢记住一点：传播必须清晰和令人信服。下面对前四类营销传播形式进行详细介绍。

表 6-2　五大类营销传播形式

广　告	公 共 关 系	促　销	直接营销和互动营销	人 员 销 售
报纸广告	新闻发布会	面向客户促销	产品目录销售	销售展示
广播广告	报刊稿子	样品	邮购销售	销售会议
外包装广告	讲演	优惠券	电视购买	激励方案
电影广告	研讨会	现金返还	传真营销	样品
宣传小册子	年度报告	折扣	短视频	交易会
海报广告	慈善捐款	赠品	电话营销	促销项目
传单广告	赞助	奖金	自助机	销售
工商名录广告	出版物	光顾奖励	互联网	—
户外广告	关系	免费试用	手机	—
销售点陈列广告	公司出版物	产品保证	数据库营销	—
试听材料广告	公司事件	产品陈列和示范	社交营销	—
标识和标记广告	特殊事件	商品搭配	游戏化营销	—
录像带广告	网页	低息融资	网红营销	—
互联网广告	—	卖点展示	—	—
—	—	兑奖，彩票	—	—
—	—	业务和销售人员促销	—	—
—	—	商品展览会	—	—
—	—	招待会	—	—
—	—	节目活动	—	—
—	—	竞赛，游戏	—	—
—	—	路演	—	—

6.1.4.1 广告

美国广告主协会对广告的定义是："广告是付费的大众传播，其最终目的是传递情报，改变人们对广告商品的态度，诱发行动，从而使广告主获得利益。"这句话很好地概括了广告的特点。

- 传播性。传播范围是大众，传播目的是传递情报。
- 说服性。传播情报的目的是说服人们改变对广告商品的态度。
- 利益性。广告的最终目的是使广告主获得某种利益。若这种利益以盈利为目的，就是经济性广告，如大部分的商业广告；若不以盈利为目的，就是非经济性广告，如常见的由政府部门、社会事业单位及个人发布的公益广告。
- 付费性。上述特点都有，但如果不需要花钱就不是广告，比如口碑。

不同的企业在不同时期和环境下用不同的方式做广告。无论什么形式的广告，一个好的广告都离不开明确的目的、专业的内容设计、恰当的媒体选择和良好的预算管理。

一个好的广告通常只强调一个销售主题。确定了销售主题，营销人员应该很容易确定目标市场和购买者动机（否则证明前面在营销战略设计时跟踪出现了偏差或者现在市场相对于营销战略设计时发生了巨大变化）。基于目标市场和购买者动机，营销人员可以水到渠成地确定广告的目的：曝光（让受众知道和了解）、互动（让受众喜欢和偏好）、粉丝（刺激受众购买行为，提醒现有客户继续购买，正面强化购后行为）。在具体执行中，营销人员可以参考下面这些实战技巧。

- 若目的是曝光，可以传播的内容有：
  - 传播客户价值；
  - 树立公司和品牌形象；
  - 向市场告知新产品信息；
  - 说明新产品如何使用；
  - 提出某种产品的新用途；
  - 通知市场的价格变化情况；
  - 描述提供的各种服务；
  - 纠正错误的印象。
- 若目的是互动，可以传播的内容有：
  - 建立品牌偏好；
  - 鼓励受众转向你的品牌；
  - 改变受众对产品价值的感知。

- 若目的是粉丝，可以传播的内容有：
  - 说服受众马上购买；
  - 让已经信服的受众将品牌告知别人；
  - 提醒受众在不久的将来将需要这个产品；
  - 提醒受众在何处购买这个产品；
  - 让受众在淡季也可以记住这个产品；
  - 让现有客户相信自己的购买决策是正确的。

确定广告目的后，营销人员需要通过传播信息去达到这个目的，而传播信息设计的核心原则是精炼可信。

传播信息设计好后，营销人员需要选择恰当的媒介把传播信息传递给受众。表6-3 列出了主要的媒介类型，并从触及面（能触达的受众的多少）、影响力（对受众的影响的大小）及成本（企业需要付出的代价）三个方面进行了比较。营销人员在具体实践中可以参考这些信息，选择合适的媒介。

表 6-3　媒介选择工具

媒介类型	触　及　面	影　响　力	成　　本
电视	大众市场覆盖面大，受众选择少	富有感染力（如图像、视频、声音等），干扰多，瞬间即逝	绝对成本高，平均暴露成本低
报纸	本地市场覆盖面大，能被受众广泛接受	灵活、及时，可信度高，互相传递少，保存性差，复制质量差	低成本
互联网	受众多选择性	及时性，互动能力强，影响力相对较低	低成本
直邮	灵活	在同一媒体内没有广告竞争，可个人定制化，易造成"垃圾邮件"印象	平均暴露成本相对高
杂志	地理、人口统计特征上可选择性强	可信度和声誉高，复制质量高，保存期长，可传阅	广告购买前置时间长，成本高，版面无保证
广播	本地接收性强，受众零散	地理、人口统计特征上可选择性强，只有声音，转瞬即逝，不太吸引人	低成本
户外广告	灵活	信息竞争少，位置多选择性，受众没有选择，缺乏创新	低成本
黄页	本地市场覆盖面大，广泛接触率低	可信度高，高竞争，购买前置时间长，创意有限	低成本
新闻信件	受众多选择性、可控性	互动能力强	相对成本低
广告册	灵活性强，可控性	可展示戏剧性信息	过量制作使得成本不易控制
电话	使用人多，有接触每个人的机会	现在骚扰电话太多，影响有限	除非数量有限，否则成本不易控制

由于受到预算、档期、合同条款等因素的影响，营销人员往往无法使用自己选择的所有媒介，其中预算的影响最大。营销人员在考虑广告预算时，通常需要考虑的因素如下所述。

- 产品处于生命周期的哪个阶段。例如，新产品需要大量广告建立知名度，提供很多试用品扩大影响力，所以可以分配更多的广告预算。

- 产品现在的市场位置。例如，若产品目前市场份额已经很高，企业只求保持现状，则广告预算占销售额的比例就不宜太高；反之，则需要分配更多广告预算给这个产品。

- 产品竞争环境。例如，竞争对手的广告开支很大时（干扰声音多），你也必须加大广告投入，不然你的品牌难以被大众关注。

- 广告频率。广告的影响开始变弱之前，需要新一轮的广告。一个好的广告需要不断重复。

6.1.4.2　公共关系

广告在传播中遇到的最大挑战之一就是可信度，而广告给受众的印象往往是"王婆卖瓜，自卖自夸"。公共关系（以下简称"公关"）同样可以帮助企业传递情报，并且在"改变人们对传播商品的态度，诱发行动，从而使传播主获得利益"这一点上有明显的优势，因为公关是用第三方身份宣传产品（自然比自己宣传自己更可信）。公关就是把人、业务、想法、产品和服务展现给大众的方式。公关人可以为特定的产品做公共宣传（如促销产品）；建立和保持与本地社区或国家的关系（如国与国之间的公共事件）；通过与立法者和政府官员建立和保持关系，从而影响立法和规定（如立法游说）；与财务方面的利益相关者和其他人保持良好的关系（如融资公关）；与捐赠者或者非营利组织的成员保持公共关系，从而获得财务或志愿者方面的支持（如合作伙伴拓展公关）；用最有价值的信息去吸引大众对一个人、一种产品或服务的注意（如明星热度维持公关）。公关人常用的公关工具有新闻发布会、报刊稿子、讲演、研讨会、年度报告、慈善捐款、赞助、出版物、社交关系、公司出版物、事件（如体育事件、娱乐事件、公益事件、媒体专访行程、盛大的开幕式、烟火晚会、激光镭射秀等）、网页（如微博、知乎号、百度号、头条号等）、App等。

公关是感知和现实之间的一座桥梁。公关的目的就是把客户呈现在大众面前（感知），反过来也要让客户明白自己的行为会引起公关怎样的反应（现实）。一个优秀的公关人总是会问客户（或者自己）这样的问题：外界对你（你需要宣传的事物）有什么看法？这种看法和现实是否相符？如果他人对客户的感觉高于现实，这就是一种夸大的状态，对客户是一种潜在风险。如果客户的实际情况好过人们对其的感知，说明客户需要更多的公关。一个优势的公关人能通过做好下面三项工作，帮助客户找到感知和现实的平衡点。

- 说出应该说的，即帮助客户在媒体上发布应该发布的消息。请记住：如果你自己不定义自己的品牌，别人就会定义你的品牌，而这种方式往往是你不喜欢的。

- 删掉不想要的，即帮助客户把一些信息从媒体上删除。请注意：这里不是改变事实，只是让某些信息更不容易被找到。

- 危机公关，即快速对负面消息做出回应。请记住：公关可以传播事实，但是无法改变事实。

一个优秀的公关人有讲好一个故事的能力，他能够通过自己的创造力紧扣发展趋势、触发话题，外加与记者们的良好关系，将社会媒体的本质发挥得淋漓尽致，从而转化出许多免费宣传——一种免费但可信度更高的宣传。

如何在营销活动中使用公关这个工具呢？当企业有新产品上市时，公关应该和广告一起工作。首先，通过公关影响特定的目标群体，建立有利于表现产品特点的公司形象，引起目标群体对产品的兴趣；然后，通过广告激发大众的购买行为，这样比直接上广告的效果更好。公关还可以帮助企业对成熟期产品再定位或者保护已出现问题的产品。

如何衡量公关活动的结果呢？较简单的方式是询问新客户，他们是从哪里听说产品的？是通过一篇文章，还是通过一则广告。这不仅反映了公关的影响力，更重要的是它将成为新客户信任产品的前提，这才是重要的衡量标准。

请记住，公关是一个过程。这意味着：计划完美没有用，要在实战中去练；公关不是"百米赛跑"，而是"铁人三项"，需要持续才能有好结果；营销人员面对的是一个公共舞台，同一个公关信息在不同的人心中地位是不一样的，无法让每个人都喜欢。

6.1.4.3　促销

当公关或者广告给了大众一个购买理由后，促销可以对大众的购买决策和行为产生刺激。营销人员通过促销向大众传递有关本企业及产品的各种信息，说服或吸引大众购买其产品以扩大销售量。促销实质上是一种传播沟通活动，即营销人员发出刺激消费的各种信息，把信息传递给一个或更多的目标对象（信息接收者，如消费者或客户等），以影响其态度和行为。

营销人员可以利用促销提升短期交易额，增强客户对品牌的感情（但需要精心设计），激励经销商提前进货或者进更多的货或者增加货架数量，激励销售人员销售更多有促销活动的产品。营销人员在使用促销的过程中需要给出一个"现在行动"或者一个"更强的行动"的理由。营销人员使用促销时，最大的坑也是最常见的坑就是把短期的促销做成了长期的降价。促销就像止痛药，如果经常使用，客户就会习惯，形成没有促销就不买的行为模式。促销也会让管理层上瘾，业绩一有压力就想用促销来解决，这样会导致不促销就卖不动、促销效果越来越弱的恶性循环。企业不断促销会给企业带来长期的负面影响，损害企业的品牌。营销人员在使用促销时要牢记：不要损害品牌和长期客户关系，不仅要有利于短期刺激，还要有利于长期客户关系，比如忠诚计划。

常用的促销手段分为面向消费者和面向企业两类。常见的面向消费者的促销手段有样品、优惠券、现金返还或折扣、赠品、奖金、光顾奖励、免费试用、产品保证、产品陈列和示范、商品搭配、低息融资、卖点展示、兑奖、彩票等，常见的面向企业的促销手段有业务和销售人员促销、商品展览会、招待会、节目活动、竞赛、游戏、路演等。

若企业想为新产品或现有产品制造一个新的卖点，样品试用是一个有效的促销手段，但前提条件是产品对客户确实有吸引力，如 Dior 香水在售卖 SAUVAGE 系列时送给客户 HOMME 系列的样品试用。样品可以使客户在零成本的情况下体验新产品，客户有可能被吸引后采取购买行为。若没有样品，客户可能需要花更多的时间和比较成本才能做出购买行为，而且可能还是别家的产品。样品试用是一种有效但昂贵的促销手段，营销人员可以采取少量收费抵消部分或全部成本，或者采用小包装降低成本。常见的样品发放方式有上门送、直邮、商店内发放、附在其他产品上或者作为广告礼品赠送。

优惠券也是一种常见的促销手段，因为优惠券可以鼓励新产品的尝试，刺激成熟产品的销售。现在，优惠券呈现泛滥成灾的局面，这造成虽然市场上有越来越多的优惠券，兑换率却持续走低的现象。大数据销售在一定程度上解决了这个问题，营销人员可以通过对大数据的分析，设置更有针对性的优惠券，让客户觉得这些优惠券是他们需要且有价值的。营销人员可以使用的发放优惠券的方式多种多样，比如电子优惠券、随购买产品发放（目前市场上常用的一种方式）、超市自动售货机、电子销售终端优惠券打印，以及电子邮件、短信、微信、支付宝、App 和在线优惠券网站订单。

现金折扣是指客户在购买指定商品后，企业会返回事先约定数额的现金给客户。这是客户非常喜欢的优惠形式，因为可以利用现金去购买其感兴趣的任何商品。另一种类似的形式是买×××返××（也可能是现金券，注意不是现金），这种方法对企业有更大的吸引力，但对客户的吸引力不如现金折扣，因为客户通常需要再付出额外的成本才能使用这些折扣，且这些折扣多数情况下只能购买同一个企业的产品和服务。

在快消品行业，企业经常降价促销，即向大众提供低于常规价格的产品。常见的形式有买一送一和捆绑低价，如牙膏和牙刷一起买价格更低。快消品行业还经常在购买现场以商品陈列和示范表演的形式促销。现在竞赛、抽奖和游戏的促销手段也越来越多地被企业使用。

营销人员在制定促销方案的过程中需要确定奖励规模、奖励对象和范围，以及如何有效触达客户和持续时间。在促销方案执行后，营销人员需要评估促销前、中、后销售额的变化，是否促进了更多购买，是否可以保持这种成果，ROI（投资回报率）是否合理。下面是营销人员在进行促销时需要注意的事项。

- 若企业品牌和竞争对手的品牌相似度高，促销只能短期刺激销量。
- 若企业品牌和竞争对手的品牌相似度不高，促销可以更持久地改变市场份额。例如，华为率先推出 5G 手机时，对 5G 手机的促销。客户买了华为的 5G 手机，就可以短时间（若使用感不好）或长时间（满意使用感）地留在华为的市场份额中。
- 一个品牌若打折超过 30% 的时候，品牌价值会被客户低估，其后果之一就是客户以后很可能只在大减价时才买。
- 若企业目前实力没有强大到可以负担整个市场，则应该把有限的营销费用用在促销上，以提高市场占有率。

6.1.4.4 直接营销和互动营销

1. 直接营销

随着科技（如互联网、移动通信等）的飞速发展，企业和客户之间的沟通方式发生了巨大的变化。以前人们做生意的时候，基本就是口碑宣传，大家可以面对面地看到产品、听到产品、闻到产品、摸到产品、品尝产品，并实时沟通，进行产品交易。随着报纸、杂志等媒介的出现，企业第一次可以对大众传播其产品，但这是以客户只能看到产品为代价换来的传播广度。电视让企业可以在更大范围内进行产品传播，并且客户不仅可以看到产品，还可以听到产品。报纸、杂志、电视、广播基本都是企业说、客户听的单向沟通。互联网和移动通信进一步扩展了传播广度的同时，还帮助企业重新找回和客户双向沟通和定制化沟通的能力。通过互联网、5G、VR 等技术，企业基本可以实现在面对面传播的过程中能带给客户的感受，除了嗅觉和味觉。随着科技的进一步发展，让企业和客户之间在大范围沟通的前提下重温面对面沟通所带来的感受是未来营销发展的一个方向。

在现代生活中，越来越多的人时常听到"新营销"这个词汇，越来越多的营销人员喜欢给依靠互联网、移动通信等技术手段的营销方式冠名为"新营销"，比如网络营销（网站、SEM、SEO等）、手机营销、短视频营销、数据库营销、社交营销、游戏化营销、网红营销等。这些营销方式和原来的产品目录销售、邮购销售、电视购买、传真营销、电话营销、自助机营销等方式，在本质上都是直接营销和互动营销，只不过在传播的过程中使用的技术手段不同。

直接营销是营销人员与目标客户进行直接接触以获得客户即时反应，并与其建立持久的客户关系的营销方式。人们其实对这种方式非常熟悉，从物物交换时代到两个世纪前的时代，大部分时候人们都在用直接营销。营销人员和客户进行的直接沟通是建立在一对一、互动的基础之上的。现代的直销营销是营销人员利用详细的数据库资料，为客户量身定制产品和沟通方式，以满足一个范围相对狭窄的客户群，甚至个别客户的需求。如今，常见的直接营销有搜索引擎营销、短视频营销和直播带货、电子邮件营销和数据库营销三种。

2. 互动营销

互动营销的一方是客户，另一方是企业，主要强调的是企业和客户之间的互动。一提到互动营销，现在的营销人员想到的往往是微信营销、微博营销、视频营销、直播带货、论坛营销、游戏化营销、电商等。其实，路演、电话营销、购物亭（如书报亭、街头冰箱、流动货车）、菜市场、商超等传统的营销方式也属于互动营销。在这里，我们讨论的是基于互联网或者移动技术的互动营销。

现代的互动营销是在社区、论坛及BBS这些互联网应用工具基础上逐渐发展起来的。在社区和论坛中信息流是双向的，这些信息往往因为信息量巨大、营销人员没有足够精力去一一阅读而没有被充分利用，其实这些信息中包含了许多对企业有价值且很难获得的客户的信息和见解。营销人员参与这种互动营销主要有两种形式：加入已经存在的社区或者自己建一个。小米使用的就是后者，小米从技术发烧友社区逐步建立了自己独特的品牌特性。

现在，大部分企业都有自己的互动营销工具的矩阵，它们不仅运营社区、论坛及BBS，还运营着微博、微信、视频、直播、电商及其他社交网络等。现在，中国的社交网络呈现百花齐放的形态，一方面企业有更多选择可以更加精准地触达目标客户，另一方面给企业带来了营销活动越来越复杂、流量越来越贵的挑战。

营销人员需要学习如何利用社交网络，以及如何深入了解其庞大而边界清晰的客户群体。人们在社交网络上可以与他人建立某种联系（非商业性质），营销人员如何吸引目标客户的注意力并说服目标客户是营销人员在互动营销中面临的一个巨大挑战。

案例 6.1 携程"BOSS 直播"带货超 11 亿元

$ **案例背景**

2020 年 7 月，携程"BOSS 直播"大数据报告正式对外发布，携程"BOSS 直播"与高星酒店深度捆绑，历时 4 个月零 6 天，交出了累计成交额破 11 亿元、产品核销率近 5 成、为千余家高星酒店带货超百万间的成绩单。

2020 年 3 月，携程"BOSS 直播"在三亚的亚特兰蒂斯酒店正式开启。在携程"BOSS 直播"开始前，高星酒店饱受新冠肺炎疫情的冲击，酒店预售的低价乱象层出不穷，高星酒店的品牌调性和消费者的权益更是难以保障。

在携程合作伙伴体系和梁建章个人 IP 加持的双重保障下，携程直播间的瞬时全网最低价，不仅帮助高星酒店加速回血，还保住了品牌调性。多家知名品牌酒店、旅游集团纷纷加入。长隆、海昌频频抢占直播间爆点，希尔顿、洲际、凯悦、香格里拉、雅高等全球知名酒店品牌，世茂、鲁能、万达、建发等众多业主集团，以及远洲、君澜、明宇等多家国内知名酒店集团也共同推出品牌酒店专属时间。

时至今日，以"BOSS 直播"为核心，"周末探店"直播+"境外本地"直播双轮驱动的携程直播矩阵，40 余场直播累计成交额超 11 亿元，为亚太地区千余家高星酒店带货超百万间，在境内外 200 多个城市掀起以高星酒店为目的地的复苏浪潮，实现了"携程直播+高星酒店预售"的品效合一。

大数据报告显示，在保持"高星+高性价比"的选品策略下，携程"BOSS 直播"的预售产品均价仍在 1200 元以上。直播间的爆款产品，既有 1 分钟售出 8000 间的酒店纯房，也有平均每秒卖出 41.2 套"客房+门票"的超值套餐。

在充分保障品牌调性的情况下，携程"BOSS 直播"的"破亿"速度，也随着政策利好的不断释放，从 1 个月缩短到 1 周。携程 BOSS 直播场如图 6-2 所示。

图 6-2 携程 BOSS 直播场

案例分析

携程的"BOSS 直播"属于前文所说的"互动营销"中的直播带货。携程的"BOSS 直播"不仅实现了很好的收益，还对用户进行了全面分析。对于观看携程的客户画像，大数据报告给出了清晰的描述。从年龄分布来看，"70 后""80 后""90 后"用户占比约为 95%，主力购买用户为经济实力强劲的"80 后"，占比高达 58.4%。

从区域分布来看，江浙沪的用户范围从全国一直延伸到日、韩及东南亚国家。珠三角的用户更喜欢入住本省的酒店，京津冀的用户则更青睐周边的高星酒店。

有趣的是，价格差异成为影响男女用户消费决策的关键。女性用户的价格敏感度低于男性用户，更喜欢一步到位来享受高配，并以 60% 的占比力压男性用户。在消费偏好上，男性用户更注重美食，女性用户则更看重环境设施。

携程的"BOSS 直播"不仅是旅游业直播的顶级流量 IP，还成为携程助力目的地复苏的一个引擎和载体，为政企合力共同筑就的旅游业命运共同体持续输入强劲动力。

6.2　如何实现高效的拉新留存

作为营销人员，你已经有了明确的营销战略（为谁服务、提供什么服务、差异点是什么）、品牌战略（品牌标识、品牌三层次价值的定义、品牌标语、品牌发展和管理策略），定义了客户价值，确定了提供物（产品、服务、体验），制定了符合品牌定位的价格体系（价格表、价格调整策略和价格变动策略），建立了价值网络（供应商、经销商的类型、数量，策略，股东，员工，公众，营销机构等），实现了客户价值，了解了设计整合营销方案需要的知识和工具（信息传播模型、信息接收模型、五大类传播工具——广告、公关、促销、直接营销和互动营销、人员销售）。下面你需要通过整合营销方案把价值传递给客户，鼓励客户购买你的提供物，从而和客户建立起长期的、可盈利的客户关系。

定义客户价值和实现客户价值都是为企业进入市场做准备的，而整合营销方案就是企业进入市场的武器。企业进入市场的目的，是通过成交让客户体验到企业提供的价值，作为回报企业有利可图。企业要实现成交需要经过三个步骤：曝光、互动和粉丝。换句话说，每个营销活动都是以不同的方式在实现这三个步骤：让客户知道品牌，在客户记忆中建立品牌形象，引发客户对品牌正面的判断和感受，使用品牌，推广品牌，提升品牌知名度，提升品牌资产。通过什么方式做到这些并不重要，重要的是营销活动能让客户产生强烈的、认同的、独特的品牌联想。企业不仅要有能力设计营销方案，更重要的是要确保不同部门、不同营销人员设计的营销方案传递的信息是一致的，这些信息是符合品牌定位的。

营销人员实施整合营销方案、实现高效的拉新留存需要经过确定传播目标、设计传播信息、选择传播载体、衡量传播效果和整合营销传播五个步骤。通过不断重复、优化这五个步骤，营销人员可以不断提高营销活动的投资回报率（ROI）。实施整合营销方案五部曲如图 6-3 所示。

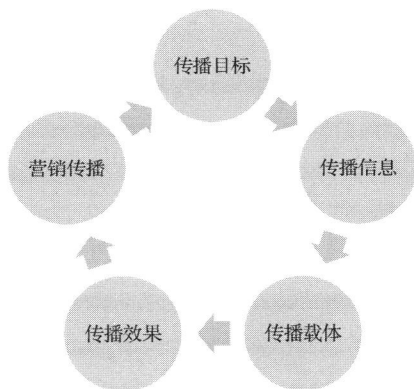

图 6-3　实施整合营销方案五部曲

6.2.1　确定传播目标

传播的目标由两个要素组成：传播活动的目标受众和传播活动的预期结果。

6.2.1.1　传播活动的目标受众

营销人员可以首先用前文论述的"如何找到适合自己的目标客户"的方法确定目标受众的范围，然后在这个范围内圈定本次传播活动的目标受众子集。常见的圈定逻辑有下面这些，营销人员可以任意使用其一或者组合使用，或者基于自己对业务的理解选择其他圈定逻辑，比如文化、社会、个人特征或个人心理等。

- 按使用情况圈定：从未使用的潜在客户、目前在使用的客户、曾经（如过去 12 个月）使用但现在不用的客户。
- 按忠诚度圈定：偶尔使用、品牌转换、经常使用、粉丝（不仅自己使用，还推广产品）。

- 按购买影响度圈定：发起者、影响者、决策者、购买者、使用者。

6.2.1.2　传播活动的预期结果

在确定了目标受众之后，应该如何确定传播活动的预期结果呢？营销人员首先需要了解目标受众对品牌的认知程度，然后通过传播活动把目标受众的认知提高到一个恰当的水平。例如，若营销人员发现目标受众对品牌的认知是空白的，则应该通过传播活动曝光品牌，即让目标受众知道品牌的存在，了解品牌的知识，在目标受众记忆中建立品牌形象；若目标受众已经知道和对品牌有了一定的了解，这时候营销人员还把传播活动的目的设置为"曝光"，那就是浪费营销资源了，正确的目标应该是"互动"或者"互动+粉丝"，即通过传播活动让目标受众喜欢和偏好品牌，直至使用品牌，从而对品牌产生正面的判断和感受；若目标受众已经是客户，营销活动可以把目标设置为"粉丝"，即让目标受众重复购买，从而提升品牌知名度、提升品牌资产。表 6-4 列出了不同传播目标对应的一些传播活动的典型特征。

表 6-4　传播活动选择工具

目　　标	传播活动的典型特征
曝光——知晓	适用情况：不知道品牌的存在 目的：促使受众知晓，多半是认识品牌名称 技巧：重复品牌名称 结果（案例）：某企业品牌知晓度从 10%提升到 80%
曝光——认识	适用情况：知道品牌但不太了解 目的：了解品牌 技巧：传递价值
互动——喜好	适用情况：了解品牌但无偏好 目的：增加喜欢品牌的受众人数 技巧：言行一致
互动——偏好	适用情况：大部分受众已经喜好了，但喜好的不止一种品牌 目的：增加偏好品牌的受众人数 技巧：宣传产品的质量、价值、性能和其他特征，设法建立客户偏好；在实施一些活动后，再次测试客户偏好，随时改进
互动——信任	适用情况：还没有信任到确定购买的程度 目的：建立购买信心 技巧：有针对性地帮助受众建立起缺失的某种信任
粉丝——购买	适用情况：已经信任，但还没决定是否马上购买 目的：购买 技巧：刺激行动，如限时降价
粉丝——复购	适用情况：品牌摇摆，偶尔购买 目的：复购和推广 技巧：持续唤醒受众对品牌的正面记忆和感受

营销人员如何判断受众对品牌的认知水平呢？营销人员可以使用品牌资产的相

关知识进行判断，比如可以从受众对品牌的熟悉度和喜好度两个维度综合判断受众对品牌的认知水平。

- 了解受众对品牌的熟悉度：从未听说过、仅仅听说过、知道一点点、知道相当多或熟知。
- 了解受众对品牌的喜好度：讨厌、不怎么喜好、无偏好、较喜欢或很喜欢。

接着，营销人员利用熟悉喜好矩阵确定受众认知程度和对应的营销活动的目的、核心行为。熟悉喜好矩阵如表 6-5 所示。

表 6-5　熟悉喜好矩阵

喜　好　度	熟　悉　度	
	低	高
高	B. 熟悉的人喜爱，但大部分人不熟悉——扩大影响力	A. 大多数都熟悉并喜爱——维持
低	C. 熟悉的人不喜爱它，幸好熟悉的人不多——了解为什么，然后改进	D. 大家都知道它是一个糟糕的品牌——改进，重塑品牌，改变公众印象

正确判断受众对品牌的认知水平是营销活动成功的基础。例如，某企业的营销人员包括管理层认为其目标客户的品牌认知是"B. 熟悉的人喜爱，但大部分人不熟悉"，其市场活动的目的基本上是"曝光+互动"。他们在进行营销管理咨询中通过市场调研发现，实际情况是"C. 熟悉的人不喜爱它，幸好熟悉的人不多"。他们进一步了解到在追求市场快速扩展中，运营能力跟不上市场扩展速度，导致产品质量下降，比如提价造成原来中质量、中价格的物有所值的产品定位变为中质量、高价格的物无所值的产品定位。直到客户抱怨背后原因，企业的管理层经过一年的时间，一步步改进产品质量，重新找回了物有所值的产品定位。而且，高质量、高价格使其品牌价值有所提升。在这个改进过程中，营销人员不再急功近利，不断让客户对这些改进产生感知，最终重新实现增长态势。

6.2.2　设计传播信息

营销人员已经清楚了营销活动希望影响的受众是谁，以及希望通过营销活动产生怎样的影响，接下来营销人员需要考虑用什么样的信息实现这个影响。营销人员设计信息时需要从两方面考虑：信息的主题和信息的内容。这很像学生写作文的思路，首先确定作文的中心思想，然后选择一种适当的文章结构和语言把中心思想用有吸引力的、可信的、专业的方式表达清楚。

6.2.2.1　信息的主题

我们每天都接收许多条营销信息，有一部分营销信息的内容能够留在我们的记忆中，但如果我们被问到这些内容的主题是什么，可能没有几个人能马上回答上来。经过对脑海里存留下来的不完整内容的回顾，大部分人可能还是无法准确回答这个问题，最多说"是为了卖×××产品或者宣传×××产品好"。如果我们事先带着这个问题去观察这些营销信息，就会发现每条营销信息的主题都不一样，哪怕是针对同一款产品，似乎没有任何规律。例如，松下的营销主题是"创意生活"，戴森的营销主题是"重新定义吹风机"，银联云闪付的营销主题是"一站搞定所有支付"。

那么，营销人员应该如何确定营销信息的主题呢？如果品牌标语已经在市场上经过反复验证，并证明其是有效的，就将品牌标语作为营销信息的主题；如果是还没有经过市场检验的品牌标语，用"核心+精髓"的公式找出主题。核心是让受众了解你是什么、不是什么，帮助受众找到对标的对象，给受众一种熟悉感，降低沟通成本；精髓是让受众了解为什么选择你而不选择别人，帮助受众发现你和对标对象之间的差异点，给受众一种新鲜感，降低决策成本。例如，松下的"创意生活"的营销主题中，"生活"是其核心，"创意"是其精髓。

营销信息的主题确定后，是否能把这个主题有效地传播给受众，受到内容（怎么说）、传播渠道（在哪儿说）和传播者（谁来说）的影响。

6.2.2.2　信息的内容

设计营销信息内容是专业性极高的一项工作，涉及文学、历史、心理学、行为学、神经学、创意思维等方面的知识。每天都会有不计其数的营销信息诞生，然后默默无闻或者吸引眼球，最后被遗忘。营销人员要做的就是，尽量让营销信息短暂的一生更精彩。营销人员如何才能做到这一点呢？一个简单的方法就是花钱。

如果营销人员有非常充足的营销预算，可以降低对营销信息内容专业性方面的要求，通过在大量不同类型的传播载体上长时间重复宣传营销信息以增加传播的广度和深度，尽管投资回报率不一定令人愉悦。这听起来好像不是一个好的选择，但实际情况是大部分企业，即使营销预算很紧张，都在低效率地花掉手中有限的营销预算。本书的目的就是改变这种现象，下面将详细介绍，如何做才能帮助企业通过专业的方法取得优良的营销效果，前面所有的知识都在为实现这个目标做准备。

一个专业的营销人员可以不花钱或者少花钱办大事，虽然这很不容易做到，但普通的营销人员掌握正确的方法和知识，外加刻意练习就能做到。设计性价比高的营销信息内容需要在一个基本点和三个维度做好工作。

一个基本点：内容表达简洁、清晰。简洁、清晰的内容比复杂、冗长的内容更容易吸引人的注意，人们更容易理解和更容易记住。

三个维度如下所述。

- 维度一：尽量扩大传播的广度和深度。传播的广度×传播的深度等于流行度的大小。传播的广度意味着有更多人愿意传播，传播的深度意味着信息能被传播更久，流行度越大意味着营销活动在单位成本上能够覆盖的受众越多，投资回报率越高。营销人员应该通过激发传播动机让更多人愿意传播，从而增加传播的广度；通过不断重复让信息被传播得更久，从而增加传播的深度。

- 维度二：在设计信息内容时需要考虑传播三要素的作用，即传播者、传播内容和传播环境。这三要素影响着信息的传播度。营销人员需要选择合适的传播者、设计专业的传播内容和挑选合适的传播环境以扩大信息传播的广度和深度。

- 维度三：在设计信息内容时还要考虑"信息作用模型"。一条信息首先需要引起受众的注意，然后易于受众理解，才有可能获得受众信任，在受众脑海里形成正面观点，最后引导受众采取营销人员期望的行动（如继续传播信息或者购买产品）。信息作用模型如图 6-4 所示。

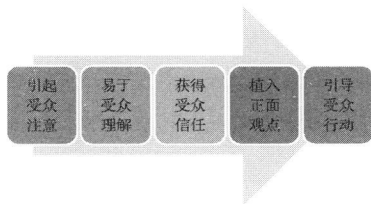

图 6-4　信息作用模型

那么，在具体执行过程中，营销人员应该如何做呢？简要来说，包含以下两个步骤。

- 确定内容主基调。营销信息影响受众理性、感性？还是两者同时影响？为什么要问这个问题呢，因为任何人的任何决策都是基于理性和感性做出的，不同的是在决策中有时候理性占主导地位，有时候感性占主导地位。表 6-6 说明了不同的营销目的、不同的产品如何影响受众的感性和理性。

表 6-6　传播内容主基调选择工具

	理　　性	感　　性
曝光： 引起注意 改变认知	传播中直接出现品牌名，告诉受众品牌的存在	传播中体现品牌的功能或利益，影响受众的感性和理性
互动： 提起兴趣 获得信任	对于比较复杂的产品，如车或者 IT 产品，可以通过详细的参数和功能介绍影响受众理性、建立好感	对于一些服务，如信用卡，可以通过影响受众的感性，比如安全感，使受众建立对服务的偏好

续表

	理　性	感　性
粉丝： 改变选择 提高忠诚度	可以通过优惠影响受众理性，达到拉新的目的	除了优惠影响理性，还用情感，如"爱"影响受众感性，达到拉新和留存的目的

- 用"信息作用模型"把设计信息内容的工作分为对应的五个步骤，营销人员需要考虑如何利用传播三要素实现引起受众注意、易于受众理解、获得受众信任、植入正面观点、引导受众行动的目的。营销信息内容设计工具如表 6-7 所示。

表 6-7　营销信息内容设计工具

营销信息内容	传播三要素		
	传播者	传播内容	传播环境
引起受众注意			
易于受众理解			
获得受众信任			
植入正面观点			
引导受众行动			

■ 引起受众注意

引起受众注意分为注意力抓取和注意力维持两个方面。营销人员需要解决的问题是，在成千上万条信息中如何让受众注意到你的信息，即瞬间抓住受众的注意力，让受众被你的消息所吸引。营销人员往往从"我想传达什么信息"开始思考如何设计营销信息内容，这往往不会成功，因为你不是受众，你感兴趣的正好是受众感兴趣的情况发生只能靠运气。营销人员应该把思路转换为"基于传播主题，我希望向受众提什么问题"，即如何创造瞬间的悬疑，引起受众的注意。

营销人员要抓取受众的注意力有两个方法：一是通过"意外""惊奇"打破受众的惯性思维；二是利用"与我有关""恐惧""条件反射"原则，让受众的注意力提前就绪。

仅仅引起受众瞬间的注意力是不够的，营销人员还需要考虑如何维持受众的注意力，即在整个过程中保持悬疑。许多让人们欲罢不能的影视作品和文学作品都有图 6-5 所示的共同点。

呈现悬疑 → 强化悬疑 → 逐步排除可能性 → 给出谜底的线索 → 揭晓谜底 → 启示（升华）

图 6-5　维持注意力的六个法则

第一，呈现悬疑。营销人员可以通过打破受众对事物的固有认知来呈现悬疑，如通过公式产生创意无限的营销活动。人们对公式的固有认知是一成不变的，而创意是灵活多变的。公式能产生创意无限的营销活动，打破了人们的固有认知。实际上，本章就是在介绍如何用公式化的方法打造创意营销活动。营销人员还可以用提问+公开表态的方式制造悬念，这种方法多用于可以互动的营销场景中。例如，若有互动的条件，营销人员可以问受众有什么方法可以制造悬疑，充分调动每个受众的注意力。另外，营销人员还可以通过提供背景信息的方式展现悬疑，引起受众的注意。例如，"美国烟草曾经历过连续 3 年下跌 10% 的严重下滑，烟草巨头们找到一个方法，在广告费用减少 30% 以上的情况下扭亏为盈，请问他们是如何做到的？"

第二，强化悬疑。强化悬疑可以进一步吸引受众的注意力。例如，针对上面美国烟草的案例，营销人员可以接着说："烟草巨头们的做法是令人难以置信的！他们要求国会禁止电视台和电台播放香烟广告，尽管多年的实践经验证明了广告媒体是带来销量增长的利器。国会同意了这个请求，1971 年后美国电视台和电台再没有出现过香烟广告。"

第三，逐步排除可能性。这个过程就是通过考虑每种可能性，提供反对的证据，把可能性渐渐收窄到最终的谜底上。营销人员可以继续说："在此之前，美国卫生部为了鼓励人们远离香烟做了一系列努力，大肆宣传吸烟有害健康。有人推测，这可能促使烟草巨头们做出了上述决定。但实际情况是，烟草巨头们会继续全力以赴追求利润，他们只不过把广告形式从广播媒介转到了印刷广告、体育赞助、电影等媒介。"

第四，给出谜底的线索。"烟草巨头们之所以做这样的改变，是因为美国联邦通信委员会的'公平原则'，简单来说就是烟草公司在电视台和电台购买多长时间的香烟推广广告，就需要帮美国卫生部购买对等时间的禁烟广告，而报纸、杂志、广告牌、电影等媒介没有这个要求。"

第五，揭晓谜底。"禁烟广告播放的 3 年造成了烟草销售 10% 的下降。烟草巨头们一开始是通过提升电视台和电台广告预算来应对这一挑战的，但水涨船高让烟草巨头们明白这是一场打不赢的战争。于是，他们改变策略，将烟草广告转移到没有'公平原则'的广告媒介，扭转战局，在广告费用减少 30% 以上的情况下扭亏为盈。"

第六，启示（升华）。揭示或者总结营销信息的主题，有助于受众更好地理解和记忆营销信息。"禁烟势力可以用'公平原则'法案削弱烟草广告的效果，但烟草巨头们也学会了如何灵活性营销。"

■ 易于受众理解

语言是抽象的，但产品往往是具体的；声音和视频是具体的，但产品的体验有时候是抽象的。抽象的事物和观点不易被理解，也难以被记住。营销人员确定了营销主题，成功引起受众的注意，如何帮助受众更准确地理解其想传递的消息，尽量减少选择性曲解的影响呢？

美国亚利桑那州立大学社会心理学家罗伯特·恰尔迪尼希望能提升自己教学方式的吸引力，他仔细研究了许多业内人士写给外行受众的消息内容，发现几乎所有乏味的内容都没有明确目的，语气过于严肃，并带有大量专业用语；有趣易懂的内容都结构清晰，例子丰富生动，文笔流畅，内容平易近人。营销人员应该把这几点牢牢记在心里，在设计营销信息内容时不断地问自己，是否有清晰的结构帮助受众把握脉络、理解整体和局部的关系，丰富生动的例子使受众更容易准确理解每个点，而且要用对产品即使一无所知的受众也能听得懂的语言、流畅的文笔。结构清晰、例子丰富生动、文笔流畅、内容平易近人是营销人员设计营销信息内容的基本原则。

■ 获得受众信任

如果成功引起受众的注意且帮助受众准确理解了营销信息，营销人员就越过了信息接收模型中的前两个障碍——选择性注意和选择性理解。营销传播活动有了一个好的开始，但要实现营销活动的目标，比如影响受众对产品的认知、对品牌的观点，促使受众广泛传播或购买，还需要获得受众的信任。如果受众不信任营销信息，就不会形成对品牌正面的记忆、观点，做出营销人员期望的动作。

那么，如何才能获得受众的信任呢？营销人员有三个选择。

选择一：让受众自己说服自己。这样的说服力最强、印象最深。

选择二：让受众信任的人说服受众。人们更相信自己信任的人提供的信息。

选择三：营销人员提供信息说服受众。若营销人员无法让受众自己得出结论或者受众信任的人告诉其结论，就需要自己提供必要的信息，巧妙地说服受众，取得其信任。

"让受众自己说服自己"的基本思路是，让受众自己找到事实验证营销观点，从而说服自己。具体的方法有利用可视化产品优势、先试后买、无条件退换货、自愿付款等。

■ 植入正面观点

人的记忆模式是联想。人类脑细胞就像一个个存储单元，但不同于计算机存储单元的是，人类脑细胞存储的记忆通过联想方式连成一片。这也说明为什么人类更容易记住有关联或者规律的数字，而不是杂乱无章的数字。那么，如何才能把传播内容（关于产品的正面观点）植入受众的脑海呢（让受众记住）？故事化描述是一种好的选择。

如何才能写出一个好故事呢？任何一个好故事都应该包含两个要素：对立的价值观和解释主角从一种价值观转变为另一种对立价值观的原因，即为什么转变及如何转变。这里提供给大家一个写营销类故事的架构。

确定故事的受众；

确定故事的主题；

意外事件打破故事主角生活的平衡；

故事主角因此产生了某种欲望；

故事主角采取行动；

故事主角的行动带来的失败结果；

故事主角带着洞察重新行动；

这次行动让故事主角的欲望得到满足，故事主角获得新的洞察，重新找回平衡，故事在高潮中结束。

■ 引导受众行动

前面所有的工作：引起受众注意，维持受众注意，帮助受众准确理解，让受众信任，植入正面观点，都在为传播目的服务。只有预期的传播目的达到了，传播的所有努力才有效果。然而，引导受众行动是非常困难的，人们往往点头称是，然后就没有下文了。那么，如何才能引导受众采取预期的行动呢？营销人员需要让受众处于活跃的状态，并让其产生"在乎"的感觉，受众才有可能采取营销人员期望的行动。

这里简单总结一下，我们介绍了设计传播信息的思路和技巧，这些思路和技巧适用于广告、公关、促销、直接营销和互动营销。

● 确定传播主题，即说什么。工具："核心+精髓"的公式。

● 设计传播内容，即如何说。

■ 思路：一个基本点和三个维度。

■ 标准流程：信息作用模型的五步骤。

■ 内容设计工具，如表 6-8 所示。

表 6-8　内容设计工具

信息影响受众的步骤	适 用 情 况	子 步 骤	工 具
注意	引起注意	任选其一或组合	恐惧，条件反射，"与我有关"
			意外
			惊奇

续表

信息影响受众的步骤	适用情况	子步骤	工具
注意	维持注意	若受众不知道自己不知道，则让受众意识到这一点	呈现悬疑，如提问——公开表态
		若受众已经知道自己不知道（则跳过第一步），直接给出知识缺口	强化悬疑，如提问，告诉受众其他人知道一些他们所不知道的事情，给受众展现，强化神秘感，如未完待续
			逐步排除可能性——考虑其他解释并提供反对的证据，把范围收窄到正确的解释上
			给出谜底的线索
			揭开谜底
			揭示或者总结营销信息的主题，有助于受众更好地记忆和理解营销信息
理解	任何情况	尽量都做到	结构清晰
			例子生动
			文笔流畅
	既适用于核心描述（说什么），也适用于解释核心	第一选择	流行语、谚语、成语、名人名言
		第二选择	熟悉的新鲜感
	仅适用于解释核心（怎么说）	第三选择	针对一个具体目标来描述
			基于受众已有知识或者感官的现有认知来一层层构建更高层、更抽象的内涵
			慢慢打磨——好的细节需要慢慢沉淀
			整体上：多具体，尽量少抽象
信任	受众自己说服自己	第一选择：可验证性说服（让受众自己验证后用事实说服自己）	可视化产品优势
			先试后买
			无条件退换货
			自愿付款
	受众信任的人说服受众	第二选择：找到可信的人来说	权威（专家、各领域的名人或红人）
			真人真事
	营销人员提供信息说服受众	第三选择：用可信的方式说	成功案例
			统计数据
			焦点即重点
			情境联想
			正向检验策略
			联想
			轻松实现的事物
			正确的措辞
			生动的细节

信息影响受众的步骤	适 用 情 况	子 步 骤	工 具
记住	植入正面观点	故事化营销	确定故事的受众
			确定故事的主题
			意外事件打破故事主角生活的平衡
			故事主角因此产生了某种欲望
			故事主角采取行动
			故事主角的行动带来的失败结果
			故事主角带着洞察重新行动
			这次行动让故事主角的欲望得到满足，故事主角获得新的洞察，重新找回平衡，故事在高潮中结束
行动	让人活跃	第一步：激发个体的同理心，即"与我有关"	信息需要和"他"（具体的个体）而不是"他们"（某个群体）相联系
		第二步：联系个体情感	运用联想的力量
			联系情绪： 积极情绪：敬畏、消遣（幽默）、兴奋 消极情绪：生气、（因为害怕、恶心等）担忧
	让人在乎	第三步：联系个体利益	焦点即重点
			新鲜化重点
			让人想象采取行动后可以获得的利益
			情境联想
			互惠、喜好、社会认同、权威、稀缺、言行一致
			让自己看起来更棒
			实用性
		第四步：联系身份	血缘或地理共性
			集体联盟的合力感
			不仅跟他现在的身份，还跟他梦想获得的身份相关联

6.2.3　选择传播载体

传播的效果受到多重因素的影响，不仅受到前文介绍的传播内容和传播环境的影响，还受到传播载体和受众的影响。其中，受众是营销人员不可控的因素，营销人员对传播环境不可控但可以利用，比如借助于"条件反射""情境联想""血缘或者地理共性"等技巧。前文详细介绍了营销人员如何设计传播内容影响受众的注意、理解、信任、记忆和行为，下面将重点介绍营销人员如何利用传播载体影响最终的传播结果。传播载体由传播者（谁来说）和传播媒介（在哪儿说）组成，同时受到传播预算、传播目的和受众现状的制约。

6.2.3.1 传播者

营销人员可以选择人或者物来传递营销信息，但无论选择人还是物作为传播者，基本原则是专业、可信和讨喜。下面对人作为传播者进行详细介绍。

人作为传播者，又可以分为素人（不知名的人）和意见领袖（KOL，如明星、权威人士、企业家、网红、舆论领袖等）。选择素人的营销人员通常相信"魔弹论"，即大众传播具有左右受众态度和行为的强大威力。该理论起源于20世纪初，20世纪初至30年代末是传播效果研究的初级阶段，也是大众报刊、电影、广播等媒介迅速发展和普及的阶段。这个理论的核心观点是，传播载体拥有不可抵抗的强大力量，他们把信息传给受众后，就像子弹击中躯体或者药剂注射进皮肤一样，可以引起受众直接、快速的反应，即传播者和传播媒介可以直接支配受众的行动。相信这个理论的营销人员不太介意传播者是谁，而是直接通过大众媒体传播信息，直接作用于受众。

选择意见领袖的营销人员相信"两级传播"理论。有观点认为，受众并不是不加区分地对待任何传播内容，而是更倾向于选择那些与自己的立场、态度一致或接近的内容，或者自己感兴趣的内容，这就是我们前文提到的选择性注意背后的原因。保罗·拉扎斯菲尔德等人提出"两极传播"的观点，认为大众传播只有通过"意见领袖"这个中介才能发挥作用。整个社会的信息并不是全部传达给受众，而是先传达给一部分人，再由这部分人把信息传递给周围普通的受众。即使能够接触到普通受众的信息，如果想要这些普通受众的态度和行为发生预期的改变，还是需要意见领袖对信息进行详细的解释、评价，并对普通受众进行指导和指点。这个观点对否定"魔弹论"起到了直接作用，同时开创了"有限效果论"理论。相信这个观点的营销人员一般选择"两步信息传播法，即信息—意见领袖—受众"传递信息。营销人员把信息先植于意见领袖的头脑中，再由意见领袖影响派系中的其他人。

6.2.3.2 传播媒介

传播媒介种类繁多，如广告、公关、互动营销、直接营销、人员营销等。营销人员需要熟悉每种传播媒介的特点和用途，详细介绍可以参考"经济新常态下常见的营销传播形式"一节的内容。

6.2.3.3 如何选择传播载体

前文说过传播载体由传播者（谁来说）和传播媒介（在哪儿说）组成。营销人员往往面对众多的传播者和传播媒介的选择，那么营销人员如何才能选择出性价比高的传播载体呢？营销人员选择传播载体主要受到下面两个因素的影响。

- 传播媒介的成本效应。
- 传播预算。

不同传播媒介有着不同的成本效应，营销人员可以从产品、竞争和公司三个维度选择合适的传播媒介。传播媒介选择工具如图 6-6 所示。

图 6-6　传播媒介选择工具

1. 基于产品情况选择传播媒介

- 如果是面向企业的产品，传播媒介选择的先后次序应该是人员销售、广告、促销、公关。人员销售可以更好地服务复杂的、昂贵的和有风险的产品，以及为数不多的大卖主市场（如企业市场）。广告可以帮助公司或产品快速进入一个新市场，若产品有独特卖点，广告可以大面积覆盖客户、降低营销成本。另外，广告和促销为销售带来筛选过的客户，提高销售的 ROI。有影响力的公关为销售背书，减少销售中的困难，加快成交速度。
- 如果是面向经销商的产品，传播媒介选择的先后次序应该是促销、广告、人员销售和公关。人员销售在面向经销商中作用明显，广告可以影响经销商的决定，增加存货位置。人员销售可以更好地服务经销商，激发经销商热忱，人员销售还可以覆盖更多经销商和维护关键客户。
- 如果产品处于导入阶段，传播媒介选择的先后次序应该是广告/PR（ROI 最高）、人员销售、分销覆盖面积、促销推动产品试用。
- 如果产品处于成长阶段，以口碑营销来保持增长。
- 如果产品处于成熟阶段，预算在广告上分配较少，在促销方面较多。因为知名度已经不是问题，需要引导客户采取购买行动。
- 如果产品处于衰退阶段，则要用促销保持销量，因为客户对品牌认知已经固定；人员销售给予最低程度关注就可以。

2. 基于竞争情况选择传播媒介

- 当一个品牌与竞争对手能较好地区分时（如产品或者价格有差异点），分配更多预算用于广告，让更多人知道该品牌并选择它。

- 当零售商具有较大的影响力时，在广告上分配较少的预算。因为资金必须分配给渠道，不然渠道就会卖别家的产品。

3．基于公司情况选择传播媒介

- 市场领导者应该多用广告，因为市场领导者的广告收益大于促销。
- 小公司则正相反，需要多用促销，因为促销的 ROI 更高。小公司通常没有足够资金投入市场，品牌知名度也不如市场领导者，广告带来的流量很可能是为他人做嫁衣。
- 管理者应该：当回报集中于短期结果时，在广告方面分配较少的预算，在促销方面分配较多的预算，因为促销可以产生当下的成交。当管理者对公司有较为丰富的经验时，他们倾向于在广告方面分配等比例较多数量的预算。许多企业因为不确定广告的效果，所以会削减广告的应有预算，但是当管理者对整个行业很了解、能够控制广告效果的时候，他就会用到该用的预算份额。

6.2.4　衡量传播效果

到这里，营销人员已经知道如何基于受众选定营销目标、确定营销主题、设计营销信息、选择传播载体（传播者和传播媒介），即已经可以制订一个专业的营销传播计划了。接着就是执行这个计划，待传播计划执行后，营销人员必须衡量它的效果。

人类对于传播效果的研究有着悠久的历史，比如在古希腊和古罗马时期，柏拉图和亚里士多德等思想家就对在广场议论政治、法庭辩论等产生的传播效果展开了系统的整理和研究。中国也有学者做过类似的总结，如春秋时期的诸子百家。他们通过讲学、著作、游说等活动传播自己学派的思想，而且他们对传播效果进行过很多精辟的论述。

营销人员要衡量传播效果，首先需要了解传播效果如何被影响，然后需要了解传播效果对受众通常会产生怎样的影响。

传播效果的产生要经过一系列复杂的步骤，每一步都存在着这样或那样制约传播效果的因素。传播效果位于整个传播过程的最后阶段，它是各种要素（如传播者、传播媒介、传播技巧和受众）相互作用的结果。例如，由于人们对信息源的信任感不同，被说服的效果可能会大于（当更信任传播者或传播媒介时）或小于（当不信任传播者或传播媒介时）信息内容本身的说服力，这就意味着高可信度的传播载体会比低可信度的传播载体的传播效果更好。

另外，人们对信息的记忆随着时间的推移而逐渐减弱，人们最先忘记的是次要信息属性。在一个营销信息中，"传播核心：说什么"和"传播内容：怎么说"是主要信息属性，"传播者：谁来说"和"传播媒介：在哪儿说"是次要信息属性。这就意味着随着时间的推移，传播载体对传播效果的影响会逐渐减弱甚至消失，而内容本身的说服力会较为完整地发挥出来。换句话说，随着时间的推移，"谁来说"和"在哪儿说"对受众的影响减弱，"怎么说"即传播内容本身对受众的影响接近其应用的水平。这也是为什么没有实力的产品，营销短期可能产生大于其应用业绩的效果，但从长期看，一定会回归其应有的业绩水平。

在以营销为目的的传播中（这里不讨论其他类型的传播，如政治选举为目的的传播），传播不仅可以影响受众对营销产品的想法、感受、记忆，还可以刺激受众的行为，如受众分享营销信息、购买营销的产品、推广营销的产品等。

那么，营销人员应该如何衡量传播效果呢？关于"想法、感受、记忆"这些定性的影响效果，营销人员可以通过下面常见的方法衡量传播效果。

- 使用调查问卷或者进行采访。营销人员通过采访受众得到数据，了解受众的"想法、感受、记忆"在传播前后的变化。
- 使用实验法。例如，营销人员想通过在一个广告中使用某位名人让受众更喜爱某个产品和购买这个产品，但不确定是否真的有效。在传播活动开始前，营销人员可以在受众中找一些志愿者，把这些志愿者分成三个不同的组进行测试。
  - 第一组是认识这位名人，并且观看这个广告的人。
  - 第二组是不认识这位名人，但观看了这个广告的人。
  - 第三组是有可能认识这位名人也有可能不认识这位名人的人，但是观看的是与这位名人和这位名人宣传的产品无关的一个有趣的广告。

然后对这三个小组的受众的反应进行评估，如哪组对这位名人做的广告的产品更有好感，甚至愿意购买。如果第一组的受众对产品最有好感和愿意购买，则说明这个广告达到了营销人员期望的效果。

关于用户行为等可以量化的指标，营销人员可以利用数字化营销技术进行定量分析。例如，某企业在2021年第一个月结束时，对其推广活动效果进行了定量跟踪，数据如表6-9所示。营销人员需要基于这些数据进行分析总结，好的地方继续保持，待改进的地方立刻采取有针对性的行动提升效果。营销人员应该看1月份的整体结果：原计划收获226个认证用户，实际收获241个认证用户，完成1月份目标的107%，超额完成任务是一个好的结果。营销人员不能因为结果是好的，就不再继续研究分析。营销人员需要继续分析是哪些因素带来了这个好结果，比如百度渠道的转化率（从搜索到认证用户）是 16%，远远高于计划中的 2.4%（基于历史数据）。许多营销人员会在这里停止分析，我们在这里继续问企业的营销人员"这个 16% 是怎么来的？为什么远远高于历史数据？这个 16% 还可以在后面的月份继续保持吗？"

表 6-9　营销计划实例

渠　道	触达用户（个）	线索量	转化率（%）	认证用户（个）	认证收入（元）	培训收入（元）
百度	186380	185	16	30	36000	21800
搜狗	13192	8	38	3	3600	
SEO	36583	1178	17	205	247140	96498
百度原生	85508	16	0	—	—	11440
知乎	535	4	25	1	1200	—
智联招聘	7980	249	1	2	2100	17700
微信	29008	246	0	—	—	
知乎 KOL	71250	369	0	—		
自媒体平台	59333	23	0			
其他渠道	—	—	0			
总计	1023769	2278	97	241	290040	147438

经过进一步深挖，营销人员发现 16% 转化率背后的原因是：基于营销人员的建议，电话销售在 1 月份对工作流程进行了改进，从而大幅提高了"注册会员到认证用户"的转化率，其他环节的转化率跟历史数据持平。这样让我们对 16% 的转化率可以做到心中有底。接着，我们继续刨根问底，"那些转化率为 0% 和 1% 的渠道为什么低于我们的预期？我们应该做什么工作改善？"这些问题帮助营销人员发现低的原因是，这些渠道是今年 1 月份第一次尝试的新渠道，第一批传播信息到 1 月底才发出去，预计需要二三周才能产生认证用户，所以下面的行动就是在 2 月份观察实际的转化率，并重复这些分析和反馈流程。

通过一次传播活动就想达到营销人员想要的理想状况几乎是不可能的，正是因为如此，营销人员才需要通过衡量传播效果而努力地控制传播过程中的每个环节，以此来提高传播活动的效果。

6.2.5　整合营销传播

美国广告主协会给整合营销传播下的定义是："整合营销传播是一个营销传播计划概念，要求营销人员充分认识用来制订综合计划时所使用的各种带来附加值的传播手段，如普通广告、直接反映广告、销售促进和公关，并将之结合，提供具有良好清晰度、连贯性的信息，使传播影响力最大化。"从这个定义中我们可以看出，整合营销传播包含三个方面。

- 将广告、促销、公关、直接营销、互动营销、人员营销等一切传播活动都包含到营销活动的范围之内。

- 充分利用不同传播活动特性，让它们各尽其职。不同的媒体在曝光、互动和粉丝阶段扮演不同的角色，而这些角色必须与整体的营销传播计划协调一致。
- 企业能够将统一的传播主题传达给客户，所以整合营销传播也被称为 Speak with One Voice（用一个声音说话），即营销传播的一元化策略。

其中，第三方面是目的，即企业每个客户接触点给客户传递的信息都需要保持一致，因为这对销售影响巨大。第一、第二方面是手段，即要达到信息的一致性，营销人员需要在不同的传播媒介中有一个统一的传播主题（战略连续性），并在执行过程中确保每个传播载体中的传播内容和传播主题的一致性和针对客户不同需求有效利用不同媒体的特性（战术连续性）。战略连续性可以通过品牌管理实现，战术连续性时可以通过整合营销方案实现。

整合营销传播是思维方式的统一，包括以下八个方面。

- 认知的整合。每个营销人员都需要了解什么是整合营销传播及其必要性。
- 策略的整合。整合营销传播必须在了解客户需求和欲求的基础上锁定目标客户，产品有明确的定位以后，才能开始营销策划。换句话说，营销传播的整合使得战略定位的信息直接到达目标客户的心中。
- 主题的整合。每个营销传播方案都应该有一个主题。不同的营销传播方案可以有不同的主题，比如可以基于产品的不同，基于同一个产品不同的宣传重点，等等。
- 计划的整合。每个企业都有自己的营销目标（如销售额、市场份额）。不同的营销活动，如品牌宣传、促销、公关等，基于传播主题需要有各自的详细计划，然后把这些计划整合到一起审核，确保和营销目标紧密结合。
- 信息的整合。确保每个营销活动里面的信息与传播主题的一致性。
- 营销部门内部关系管理的整合。确保在营销执行过程中营销内部各部门的协调统一。例如，营销人员所说的内容必须与其他媒体上的广告内容协调一致。
- 企业内部关系管理的整合。营销部门不是企业中唯一的客户接触点，企业还必须制定有效的战略，这些战略除了营销战略，还有制造战略、生产战略、财务战略、人力资源战略及会计战略等。换句话说，必须在每个环节（如制造、生产、研发、财务、人事等环节）实现不同功能部门的协调。
- 利益相关方关系管理的整合。企业对社会资源也要做出战略整合。目标客户不是企业应该传播的唯一群体，其他利益相关方也应该包含在整合营销传播战术之内。例如，企业的员工、供应商、经销商及股东等。

到这里，我们完整地介绍了如何设计一个高效拉新留存的整合营销方案的思路和技巧。营销人员在设计单一的营销传播活动时，除了把信息传达给目标客户，还需要把企业同一时期的全部营销传播活动整合到一起，为客户提供一致的信息。这样客户对企业的认知、品牌的认知及对应的行为才能在更大程度上符合营销人员的预期，才能取得更好的营销传播效果。

案例 6.2   华夏"云闪付"主题信用卡打造业界第一

案例背景

2020 年 6 月 2 日，华夏银行携手中国银联独家首发华夏"云闪付"主题信用卡。该产品是华夏银行响应中国人民银行大力推进移动支付便民工程倡议，与中国银联一起打造的"三个第一"产品："第一张"以"云闪付"为主题的信用卡产品，"第一张"全世界笔笔返现卡（境内、境外消费均有 1%返现），"第一张"将各行业职业元素融入卡面设计的信用卡产品。产品主打"云闪付"笔笔消费皆返现、消费特惠、分期特惠等特色权益，助力复产复工、复商复市。产品从三个方面打造业界第一：

"第一张"以"云闪付"为主题的信用卡产品，响应中国人民银行大力推进移动便民支付工程，鼓励用户向移动支付迁移。

"第一张"全世界笔笔返现卡（境内、境外消费均有 1%返现），主打"笔笔都返现，生活有点甜"，推动卡组织及银行国际化发展，为用户提供卡产品和卡账户的优质升级体验。

"第一张"将各行业职业元素融入卡面设计的信用卡产品。时代的快速发展离不开每一位辛勤付出、坚守岗位的职业人，华夏"云闪付"主题信用卡在卡面上甄选十二位具有时代特色的职业代表，包含超越者、镇远者、奋勇者、护梦者、济世者、坚守者、见证者、普惠者、求索者、守正者、天行者、摘星者的正面形象，覆盖教育、医护、航空航天、科研、金融、边防、救援、体育、文化、法律等职业领域，致敬每一位平凡的职业英雄，倡导"凡付出必有回报"的奉献精神，通过金融产品设计传播主流价值观。华夏"云闪付"主题信用卡如图 6-7 所示。

图 6-7　华夏"云闪付"主题信用卡

案例分析

华夏"云闪付"主题信用卡，所使用的营销策略与我们前文所说的一致：引起受众注意，易于受众理解，获得受众信任，植入正面观点，引导受众行动。

"云闪付"主题信用卡甄选十二位具有时代特色的职业代表，从"时代的快速发展离不开每一位辛勤付出、坚守岗位的职业人"的观点出发，引起用户的注意，并宣扬社会正面观点，激励用户踊跃使用"云闪付"主题信用卡。

在"三个第一"的产品创新上，从申请进件、进度查询、首刷激活、支付交易、权益落地、查账分期、客户运营等完整用卡流程到用卡习惯养成均可在"云闪付"实现，结合中国银联"云闪付"App 官方品牌优势、客户资源和优质服务，为用户打造一站式用卡体验。

6.3　营销实战经验

到这里，营销人员应该具备了完整的知识体系去管理一个企业的营销业务。如果你是营销管理层，你可以用矩阵营销体系指导你的整体工作，然后用"市场洞察"一章的内容找到目标客户并了解他们的需求，用"差异化战略"一章的内容制定差异化的竞争战略，即你的企业的使命、愿景是什么，以及如何差异化地满足目标客户的需求——客户为什么选你而不是竞争对手。

接下来，你可以利用"营销战略如何适应产品生命周期的各个阶段"的内容去实物化你的提供物。若你的提供物是一种服务或者体验，你应该继续参考"服务类产品需要考虑的因素和特有的营销策略"的内容。产品从一个战略变为现实的提供物后，你可以用"品牌管理"的内容制定品牌标语、品牌标识，以及传播品牌、发展品牌和管理品牌资产，你可以用"价格制定和调整"的内容管理你的价格体系，用"传递价值的网络"的内容建立高效的营销网络，让你的目标客户可以通过这个网络体验到你提供给他们的价值。

最后，你可以利用"整合营销方案"相关知识，让你的目标客户对你从曝光——知道你、了解你，到互动——喜欢你、偏好你，到粉丝——购买你、推广你，即让你的目标客户真正感受和认知你的价值，形成对品牌的正面观点和记忆，从而愿意跟你建立一种长期的可盈利的关系。在这个过程中，你不知不觉地完成了企业的使命，实现了企业的愿景。

如果你对营销的执行技巧也有浓厚兴趣，或者你是营销活动的执行人员，你可以从下面的内容中获益良多。

6.3.1　服务管理实战经验

客户通常比较关心的服务质量要素排序如下。

- 可信度：说到做到，质量能保持一致性。
- 真诚度：帮助客户和提供快速服务的心甘情愿的程度。
- 专业度：员工的知识和礼貌，以及执行服务标准的能力。
- 个性化：对客户照顾、个性化关心的规定。
- 理性体验：实体工具、设备、人员和材料带来的体验。

产品制造企业如何改善它们的客户支持服务？

- 使用制造性能更加可靠、易于修理的设备。
- 提供更优质的服务。
- 拆分服务，给客户更灵活的选择。
- 减少或去掉单独的服务合同条款（买有效产品就带这些服务）。
- 提高电话呼叫中心和客户服务代表的服务质量。

如何保证服务的质量？

- 招聘优秀员工。
- 定期提供良好培训。
- 日常保持严格训练。
- 不断优化标准化流程。

- 建立完善的客户投诉系统。

如何应对需求的波动？

- 差别定价，削峰填谷。
- 引导非高峰需求，如高峰加价用车。
- 提供高峰期的补充性服务，如等位小吃。
- 高峰期雇用兼职。
- 优化高峰期流程。
- 鼓励客户自助。
- 共享设备和员工。

如何降低服务成本、提高服务生产率？

- 向现有员工提供良好的培训。
- 雇用工作更勤奋、更有能力的新员工。
- 牺牲一些质量来增加服务数量，但应该避免太过于强调生产率而导致质量下降。
- 利用技术的力量，如增加设备、标准化生产、减少或淘汰某种服务（用机器人代替人工客服执行某些简单任务）。

6.3.2　品牌实战经验

6.3.2.1　如何在经济新常态下建立品牌

要回答这个问题，我们需要了解在传统经济中的做法。在传统经济中，品牌打造的理论是，首先要求创造一个功能或者利益上的产品差异，然后用大量的广告影响客户的意识、识别、回忆和购买的意图。但在经济新常态下，这样的做法势必会出现问题，订房宝就是一个失败案例。订房宝是基于酒店尾单的移动酒店预订应用，订房宝将酒店晚 6 点后的剩余房以极低的价格订给客户，并创新性地引入了"分时预订"概念，成功吸引三轮融资。订房宝花了许多资金做品牌，2017 年 1 月 27 日却宣布倒闭。

在经济新常态下，营销人员不仅需要创造一个功能或者利益上的产品差异，还需要做到以下几点。

- 打造品牌的价值观的差异性。
- 制订一个更加全面的品牌管理计划，确保每个客户接触点的体验是一致的，而这需要一个品牌负责人的角色来统筹管理。
- 品牌传播中的手段需要多元化，更注重"体验"营销。
  - 提供网上服务或网上体验。

■ 对很难描述服务体验的情况，尽可能让客户试用。

■ 公关和媒体宣传，如报纸、杂志、电影、故事等。

■ 赞助。

■ 公益营销。

■ 工厂参观。

■ 事件营销。

■ 公共设施营销。

■ 社会实践营销。

■ 开创者和名人效应营销。

● 在衡量品牌传播效果时不能单纯依靠意识、识别和回忆等陈旧的定性方法，还要依靠更广泛的定量方法，包含收入、利润、客户价值、客户满意、客户保留度及净推荐值 NPS（Net Promoter Score）等指标。

● 基于定期的品牌衡量结果，在品牌发展战略上做出正确的选择，如改进传播工作、发展品牌力量或者重新定位品牌。

6.3.2.2　如何确定品牌传播活动是否有效

如果其他品牌或者竞品把你的某个品牌营销活动（比如一个广告、一个短视频、一个新产品发布会）中的品牌元素（比如品牌名称、品牌标语、代言人、音乐等）替换为其品牌元素，也不会影响宣传效果，那么营销活动就不应该在市场上实施。因为这种情况要么是你的品牌定位不够精准，要么是营销活动和品牌定位并不十分契合。

1. 如何建立强势品牌

企业建立强势品牌的原则：以独特的差异性为基础，品牌助力营销，营销加强品牌，如图 6-8 所示。

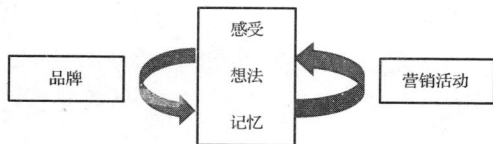

图 6-8　企业建立强势品牌的原则

企业建立强势品牌的具体策略包含：抢先进入市场，投入大量广告和实施促销，打造明星品牌，通过强势品牌对产品线进行拓展，等等。

2. 如何挑战领导者品牌

当企业的实力无法与领导者直接对抗时，企业要寻找可以打赢的细分市场，不断积累力量，不断用小代价骚扰对方、消耗其资源，使其犯错，使其士气低落或者改变客户的认知，从而最终获得胜利。

常见的容易打赢的细分市场有：领导者还没有意识到的客户需求或者不重视的客户需求。

- 今日头条发现并满足了信息消费的千人千面的需求，才能在新浪、搜狐、爱奇艺、优酷、腾讯视频、百度等众多行业巨头中生存、壮大，最后发展成为另一个巨头。
- 拼多多的崛起就源于其成功占领了天猫、淘宝和京东这些巨头覆盖不太强的4～6线城市。
- 特斯拉的异军突起源于它从全球汽车巨头不重视的电动汽车市场入手，在没有巨头打压的情况下，短短几年时间就成了电动汽车行业的全球巨头，依照现在的势头，特斯拉接下来就是挑战传统汽车市场，成为汽车市场的龙头。

如何发现这些市场和机会？营销人员可以通过对表6-10中的十六要素进行改变或者去除的不断尝试，发现领导者没有注意到或者不重视的新市场和新需求。

表6-10　发现市场和机会的十六要素表

是否改产品	选择切入点		横向营销方式					
			改变					去除
			替代	组合	夸张	倒置	换序	
改产品	营销十要素	产品核心功能						
		产品满足功能						
		产品应有功能						
		产品满意功能						
改或者不改		产品圈粉功能						
		品牌特征						
		包装/标签						
		价格						
		价值网络						
不改产品		推广						
	市场六要素	目标						
		需要						
		地点						
		时间						
		情境						
		体验						

营销人员发现这些机会后应该如何落地呢？还记得扬罗必凯公司的 BAV 模型吗？领导者有强大的品牌地位，即其拥有客户对其品牌的高认知度和高尊重度，而你发现了新市场和新需求，你手里有的是品牌未来发展，即你找到了新的差异性与新的相关性。你要打败现在的领导者，就像他们当年打败他们面对的领导者一样，

把你的品牌价值（新的差异性和相关性）成功植于客户的心中。成功的标准就是客户慢慢接受你制定的新的市场标准（如自动驾驶电动汽车将是未来的汽车出行市场的主选，如果不是唯一选择的话）及新的购买标准（如 FSD-全自动驾驶、大的 LED、指纹开门、安静的启动等）。至于如何成功地传播这种新的品牌价值，请参考"品牌传播"的内容。

常用的骚扰战（针对领导者品牌的不同领域进行小而断断续续的攻击）的手段有选择减价、廉价品、改进服务、密集促销和法律行为。营销人员使用这些手段时要注意的是：打赢目前的战斗不是目的，目的是让对方在犯错、士气低落的过程中消耗实力，从而使你可以取得最终的胜利。营销人员使用这种方法常见的坑就是忘记了长期目标，注意力被一城一池的得失所吸引，把骚扰战变成了攻坚战，在一个战役中拼尽全力，最后自己倒在了血泊中。

3. 如何了解客户心中的品牌形象

营销人员用专业的方法调查品牌在客户心中的形象。专业体现在两个方面：问什么和怎么问。一个品牌能表现出六层含义，所以营销人员要问这六层含义在客户心中的形象。

- 属性：一个品牌给人带来特定的属性。例如，宝马代表昂贵、优良制造、工艺精良、耐用、高声誉。
- 利益：属性需要转换成功能（理性）和情感（感性）利益。属性耐用可以转化为功能的"我可以几年不买车了"，属性昂贵可以转换为情感利益的"这车帮助我认识到身份的重要性"。
- 价值：品牌体现了该制造商的某些价值感。宝马体现了高性能、舒适感和威信。
- 文化：品牌可以象征一定的文化。宝马意味着德国文化：有组织，有效率，高品质。
- 个性：品牌可以代表一定的个性。宝马可以使人联想到充满活力的老板（人）或者一只快速奔跑的豹子（动物）。
- 使用者：品牌体现了购买和使用这种产品的是哪一类客户。我们通常期望看到坐在宝马驾驶座上的是年轻有为或者事业有成的人。

具体到问的方法，这里介绍常见的四种。

- 词语联想：询问当人们听到某个品牌名称时，有什么词组进入他们的脑海中。以麦当劳为例，人们可能会想到欢乐、汉堡包、鸡翅、快餐、游戏和孩子；

可能还会想到一些负面的词汇，如高热量、高脂肪。

- 人性化品牌。询问当人们听到某个品牌时，能描述怎样的人和动物。例如，万宝路品牌，他们联想到中西部的美国硬汉。
- 五个为什么。营销人员通过五个"为什么"对客户的购买动机有更深的理解，进而得到品牌的实质。例如，为什么要用微信支付？因为它方便。为什么方便是重要的？因为它可以节省时间。为什么节省时间是重要的？因为它可以让我有时间去做一些我更喜欢的事情。哪些事情是你更喜欢做的？跟孩子在一起，跟家人在一起，或者看书。为什么这些对你是更重要的？因为跟家人在一起，我可以感到爱和被爱，能让我感觉良好。
- 品牌竞争检测。营销人员通过下面三个问题，可以对品牌在客户心中的整体定位有所了解。
  - 市场份额：竞争对手在目标市场所占的份额。
  - 心智份额：在回答"本行业中令你想起的第一个企业"时，提到竞争对手的客户的比例。
  - 情感份额：在回答"你会倾向于购买哪个企业的产品"时，提到竞争对手的客户的比例。

4．如何借力传播品牌价值

传播品牌价值就是让客户产生符合你预期的感受、想法和记忆。这可以通过你自己的品牌元素做到，也可以通过与其他实体联系让客户对你的品牌间接产生联想，这就是借力传播品牌的逻辑。

任何人物、地点、事物，甚至是其他品牌，只要它们能使客户联想到你的品牌，你都可以借力于它。例如，北京旅游局用故宫（地点——本地特色）宣传北京旅游，法国葡萄酒强调法国（地点——原产地）出品，加多宝利用其广泛的合作伙伴（地点——渠道）宣传其产品，巴塞罗那用梅西（人物——代言人）宣传俱乐部，越来越多企业要求其员工（人物——员工）在微信上分享公司相关信息。为什么奥运会的广告不愁卖？因为商家需要借助它（事物——事件）宣传其品牌。为什么越来越多的企业热衷于公益活动？因为它们需要（事物——公益）宣传其品牌。为什么许多教育结构前面都挂有××大学？因为它们需要大学（事物——第三方认证）背书其品牌。十月天使品牌延伸出十月小天使的品牌（其他品牌——产品延伸），云闪付的广告中都有中国银联的 logo（其他品牌——公司品牌），华为 Mate40 的保时捷款（其他品牌——联合品牌）。

如果企业很小或刚刚起步，不能一下子投很多钱在广告中，那么它该如何建立自己的品牌呢？

整体原则就是，小企业没有太多资源，就要把产品做得更有特色，不能够"奢侈"地犯错误，所以必须更加小心谨慎地设计和执行营销方案。从产品角度，必须有明显的差异点，哪怕只有一个，具体方法可以参考"差异化战略六步法"工具。品牌定位集中在这个差异点，然后重复进行品牌宣传（细节为王：宣传的每个细节都要做好，没钱就要花时间和精力打磨细节。借力：尽可能多地使用次级联想，更多信息请参考"如何借力传播品牌价值"的内容），尽可能地以更多方式鼓励产品和服务的试用（因为你的产品有明显差异点），这样你通过试用就获得了第一批客户。利用社交营销和数字化营销手段继续发展品牌，如口碑（还是因为你的产品有明显差异点），利用创造性低成本的优势调研你的产品和品牌在市场中的位置，比如在当地的学院和大学设立课程项目，可以获得学生和教授的专业知识，或者使用网络上的免费工具，如问卷星等。如果你的产品碰巧边际成本低，你还可以利用免费进行宣传，如 XMind，基本应用免费、升级付费。

案例 6.3　信联科技风靡一时的秘密

📁 案例背景

2020 年 2 月末，山东高速信联科技有限公司（以下简称"信联科技"）透露了 2020 年 H 股上市计划，其中称 2019 年信联科技营业收入、利润总额均实现大幅增长，并提出了 2020 年公司发展目标，包含完成 H 股上市任务。

支付行业发展至今，经历了从"跑马圈地"到精细化运营的过程，在此期间曾有许多企业对外宣布上市目标，意图受到更多投资者的青睐，但往往收效甚微。与之形成鲜明对比的是，此次信联科技不仅引起市场关注，其本身更受到 ETC 产业上下游企业的追捧，是风靡一时的投资标的。信联科技的广告如图 6-9 所示。

关于信联科技受青睐的原因，还得从 ETC 支付腾飞的 2019 年说起。2019 年 3 月颁布的《2019 年政府工作报告》中提出，要在两年内基本取消全国高速公路省界收费站，实现不停车快捷收费，减少拥堵、便利群众。自此，ETC 攻坚战的号角吹响，相关政策也随之不断出台。

在政策的推动下，在银行、支付机构等多方的努力下，ETC 用户飞速增长，从 2019 年 5 月底的 8367 万人增长至 12 月底的 2.04 亿人，新增 ETC 用户达 1.2 亿人，增幅更是高达 142.86%。

图 6-9　信联科技的广告

案例分析

　　信联科技之所以会出现飞速增长的局面，除了受到政策推动，更主要的是其品牌实力强硬。信联科技是国内既持有互联网、预付卡两张《支付业务许可证》，又扮演 ETC 发卡及运营主体角色的机构。

　　同时，信联科技在品牌和用户推广上具有较强的优势。一方面，山东省的用户基础全国领先。根据交通运输部路网中心统计数据，截至 2019 年 11 月，山东 ETC 用户累计达到 1945.91 万人，居全国第一。另一方面，据"移动支付网"消息，信联科技在 2019 年累计销售车载电子标签（OBU）1567 万台，新增发行 ETC1300 万台，发行量居全国第一。

　　由此可见，在 ETC 市场大潮的推动下，信联科技等 ETC 头部企业迎来跨越式发展的新机遇。整个产业链将进一步重塑，它们将从销售 ETC 设备过渡到开拓 ETC 后市场、汽车后市场、车联网，从传统零售制造业向金融科技、数字科技进军。这期间产业各方也将加速业务布局、投资布局，通过多方协作的方式，从行业内脱颖而出。

6.3.3　定价实战经验

1. 在什么情况下，客户对价格不敏感

- 你最好，比如这本书在同类书籍中价值最大。
- 不知道，比如客户不知道这本书还有同类书籍可选择。

- 搞不懂，比如客户没有信息判断这本书在同类书籍中价值是否最大。
- 不在意，比如口渴想买一瓶矿泉水时，很多时候人们不会讨价还价。
- 小比例，比如车和雨刷，雨刷的价格只占车的支出的微不足道的比例。
- 搭便车，比如结婚时的钻戒，因为这是结婚成本中（大部分时间）顺带的成本。
- 配着用，比如剃须刀片，人们需要不断地更换它，与剃须刀把搭配着用。
- 信得过，比如保时捷，因为产品质量好、声誉大。
- 有道理，比如泰山顶上的方便面，因为大家知道背上来不容易。
- 经济好，比如股市、楼市大涨、就业形势大好时，大家预期乐观、敢花钱。

2. 研发人员同时参与多个项目，如何计算研发人员成本

若有可能精算，则可以用流程和系统记录计算工作量，然后按照统计的工作量分摊成本。若没有足够多的数据支持精算，可以借鉴行业分摊标准、预算法（每个项目通常都有项目预算，项目预算中有每个子项目的预算和总项目的预算，可以参考子项目预算占总项目预算的比例对每个子项目的成本进行分摊）或者行业监管单位标准（如税务机关对于无法提供分摊细节数据的企业的分摊标准）。

3. 折扣的七条规则

- 如果其他人都提供折扣优惠，你就不应该再提供这种优惠。
- 你在制定折扣策略时要有创意。
- 你应该利用折扣策略来清理存货或增加业务量。
- 你应该对交易在时间上做出限制。
- 必须确保最终客户得到折扣。
- 只有为了在一个成熟市场上生存时，你才应该制定折扣策略。
- 尽可能早地停止折扣优惠。

4. 什么时候应该用折扣

- 客户同意签署长期合同，比如三年以上。
- 客户同意电子订购方式，从而节省公司的成本。
- 公司同意以卡车为装载单位的方式购货。
- ROI 是正的（短期或长期）。

5. 如何控制不当折扣

- 监督折扣客户。
- 监督平均折扣水平。

- 监督依赖折扣的销售行为。
- 用"净价格"分析。

6．常见的提价方法

- 延缓报价。
- 价格自动调整条款。
- 分别处理产品价目。
- 减少折扣。
- 有规律小幅提价，而不是大幅涨价。

7．提价的技巧

- 需要避免不合理的涨价，以免引起客户愤怒。
- 在事情变化前，先通知客户，以便他们事先采购，以减少冲击。
- 偏高的涨价要向客户做出合理的解释。
- 使用不引人注目的价格技术，包括取消折扣、限量供应、削减低利润产品产量等。对于长期项目合同或投标采用条款调整价格，如调价的基础，以公认的国民价格指数为准。

8．提价的替代方法

- 价格不变，减少分量或者改变尺寸、规格、型号。
- 使用便宜原材料/包装材料。
- 减少或改变产品特点/服务项目，降低成本。
- 创新的经济品牌。

在经济衰退时，公司不得不降价时，营销对策如表 6-11 所示。

表 6-11　经济衰退时的营销对策

战 略 选 择	原　因	结　果
维持价格和认知价值，筛选客户	公司有很高的客户忠诚度，愿将低收入客户让给竞争对手	市场份额缩小，利润降低
提高价格和认知价值	提价补偿上涨的成本，提高产品质量使高价合理	市场份额缩小，利润保持
维持价格，提高认知价值	维持价格，提高认知价值，可节约资金	市场份额缩小，短期利润下降，长期利润上涨
部分降价，提高认知价值	必须对客户降价，但强调产品的价值有所提升	保持市场份额，短期利润下降，长期利润保持
大幅降价，保持认知价值	约束和减少价格竞争	保持市场份额，短期利润下降

战 略 选 择	原　　因	结　　果
大幅降价，降低认知价值	约束和减少价格竞争，保持利润率	保持市场份额，保持售货盈利，长期则利润下降
保持价格，降低认知价值	缩减营销开支，抑制成本增加	市场份额缩小，保持售货盈利，长期则利润下降
引入一个经济模式	给市场想要的东西	某些企业会同类相残，但是总量增多

案例 6.4　交通银行"长三角信用卡"加快金融服务"同城化"

案例背景

长三角地区是中国经济发展最快、经济规模最大、最具有发展潜力的经济板块之一。随着《长江三角洲区域一体化发展规划纲要》的出台，长三角一体化已成为国家顶级战略，而值得关注的是"金融先行"成为一大看点。

其中，交通银行打造"长三角信用卡"，推出区域融合版与四地风光版两种版式。区域融合版采用环保卡，采用食品接触级材料，可实现彻底降解；卡面设计采用沪、苏、浙、皖四地特色建筑轮廓，以倒影形式沿代表长江的分界线两侧缓缓铺开，古今融合。四地风光版以浓郁的国潮风展示各地代表性的自然景观和地标建筑。交通银行"长三角信用卡"——区域融合版如图 6-10 所示。

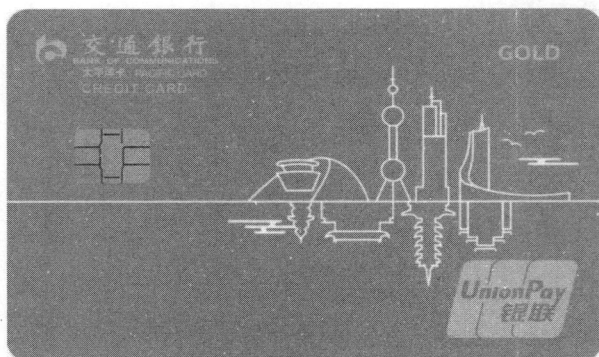

图 6-10　交通银行"长三角信用卡"——区域融合版

"长三角信用卡"通过"一卡包游的方式"，将丰富的出行、旅游、美食等权益授予用户。折扣出行：高铁购票、行车加油可享最高 9 折优惠。低价畅游：持卡人可享区内周边自驾游产品最高 9 折优惠，以及不定期 5 折特惠秒杀。乐享美食：餐饮和商超均可享受最低 5 折优惠。关于办卡：办理区域融合版卡的新用户达标即可享好礼"三选一"，而办理四地风光版卡的新老用户可免费参与抽奖，并且百分百中奖。

案例分析

前文提到的营销折扣策略的七条规则，本案例应用了其中的两条。

首先，在制定折扣策略时要有创意。交通银行在制定折扣策略时，并没有简单地推出折扣优惠，而是将这项优惠融入长三角区域游玩中，通过"一卡包游的方式"，让用户在长三角跨区域游玩中享受吃喝玩乐的多种优惠。

其次，只有为了在一个成熟市场上生存时，才应该制定折扣策略。长三角市场是众多银行角逐的红海市场，面对这种市场竞争的压力，交通银行瞄准用户游玩的需求，将丰富的出行、旅游、美食等权益授予用户，折扣力度够大，因此赢得了用户的青睐。

6.3.4　价值网络实战经验

1．如何管理渠道的冲突

渠道产生冲突的原因是利益不一致，导致目标不一致，造成行为不一致。尽管企业和渠道之间、渠道成员之间彼此依赖，但它们经常根据自身的短期利益单独行事，它们经常很难在谁应该做什么和获得怎样的回报上达成一致。渠道冲突的表现形式有水平渠道冲突和垂直渠道冲突，其中垂直渠道冲突更为常见。

水平渠道冲突发生在渠道内部同一层级之间，如戴尔的渠道在不同区域之间的串货问题。垂直渠道冲突是渠道不同层级间发生的冲突，如企业和渠道之间、上游渠道和下游渠道之间。常见的控制垂直渠道冲突的工具有产品策略、渠道策略、促销策略。

- 产品策略：通过强势产品保持对渠道的控制力。
  - 打造头部产品。
  - 把力量集中在有机会成为领先的品牌上，并继续研究改进方法，提高质量。
- 渠道策略：竞争和拉拢并存。
  - 竞争渠道：针对现在越来越明显的零售商巨头化，零售商巨头越来越打造自己的品牌。制造商可以通过有计划地扩展产品线，开发有竞争力的品牌，与零售商品牌展开竞争，或者积极扩展其他零售渠道，如仓储成员俱乐部、折扣商店、便利商店和其他直接营销。
  - 拉拢渠道：把各个主要零售渠道作为有区别的目标市场，把每个目标零售商作为战略合伙人，并随时准备提供其所需要的定制化服务，或者提供高水平服务的核心服务，如缩短订单周期、提升交换能力。

- 促销策略：用"推"策略让客户选择自己的产品，从而渠道不得不推广自己的产品。例如，花费尽可能多的时间推广，以建立和维持品牌特性。

2．如何协调线上和线下渠道

- 网上销售不同的品牌或产品。
- 给线下销售的合作伙伴更高的佣金，以降低线上销售的影响。
- 在网上下订单，但是用零售商送货和收款。
- 探索全面线上营销的可能性。

3．经济新常态下的渠道营销有哪些特点

- 营销渠道决策在企业管理层，所以决策的重要性越来越高，因为选择的渠道将直接影响其他营销决策。
- 一个渠道的建立需要若干年，而且不是轻易可以改变的。
- 越来越多的企业在采用"复合型渠道模式"，比如阿里巴巴用销售队伍向大客户推销它的阿里云，利用电话销售联系中小卖家，利用互联网联系最终客户。
- 现在成功的企业越来越倾向于从价值网络的角度来考虑业务，而不仅仅局限于供应商、分销商和客户，还包括供应商的上游供应商（原材料、零部件和成品）及分销商的客户（产品是如何向最终客户运动的）。

4．在动态的商业环境中如何选择渠道

一般来说，营销人员应根据产品生命周期选择渠道，如表 6-12 所示。

表 6-12　根据产品生命周期选择渠道

产品生命周期	渠　　道	目　　的
导入阶段	新产品或新款式一般由专业的渠道进入市场	既能发现流行趋势又能吸引早期的试用者
成长阶段	随着人们购买兴趣的增长，开始使用高成本渠道	这些渠道可以扩大销量，但服务不如先前的渠道提供的多
成熟阶段	随着增长变缓，产品转入低成本渠道	较低成本，增加利润
衰退阶段	需要进入成本更低的渠道	收割最后的利润

表 6-13 是根据产品生命周期的阶段选择渠道的个人电脑和设计师服饰的案例。

表 6-13　个人电脑和设计师服饰的案例

市场增长率	渠道价值增值	
	高	低
低	导入阶段	衰退阶段
	个人电脑：业余爱好者商店	个人电脑：邮购商店
	设计师服饰：时装店	设计师服饰：减价商店

续表

市场增长率	渠道价值增值	
	高	低
高	成长阶段	成熟阶段
	个人电脑：专业店	个人电脑：大型综合商店
	设计师服饰：百货公司	设计师服饰：大型综合商店

案例6.5 信用卡产品"窄众化"的渠道变化趋势

$ 案例背景

信用卡产品的"窄众化"是指，信用卡产品发行大量的联名卡、主题卡等，以特定兴趣或爱好的人群为目标，通过专属权益设计来服务于具有这类消费特征的小众群体。信用卡"窄众化"的现象导致信用卡产品种类越来越多，但是每一种类的数量相对减少。因此，这就要求发卡银行对消费市场进行深度分析，挖掘具有不同需求特征的小众市场，并设计相应的信用卡产品，以满足人们的细分需求。

市场上流通的信用卡产品种类很多，涉及的领域包括航空商旅、娱乐休闲、汽车通信、生活体育、电商超市等几十大类。另外，值得一提的是，目前发卡银行"触网"的意识已经越来越强烈，发卡银行与大量的互联网"头部"企业合作，发行了大量的联名卡、主题卡。这些产品表明银行整合社会资源的能力日益增强，银行借助互联网企业获得了大量的用户资源。招商银行王者荣耀联名卡如图6-11所示。

图 6-11 招商银行王者荣耀联名卡

用户的消费能力对于信用卡业务而言，是非常重要的参考数据，而这在传统的征信记录中无法体现出来，很多优质用户可能被信用卡的风控审核所拦截。但是，银行通过与互联网企业合作，对用户的交易数据进行分析，判断用户的消费能力，利用大数据风控系统对用户的多重信息进行风险评估后，发行联名信用卡，可以有效降低发卡银行营销中的获客成本，迅速增加发卡数量、提升发卡质量。另外，有些发卡银行也与微信合作，推出了信用卡网络服务平台，探索信用卡产品与服务的网络化合作模式。

案例分析

近几年，信用卡市场竞争日益激烈，发卡银行也在不断调整信用卡经营策略。根据用户消费习惯的变化，以及对产品从颜值到权益等多方面的要求，发行主题卡、联名卡等产品已经成为信用卡市场主流趋势，而主题卡与联名卡正是信用卡产品市场细分的"利器"。信用卡市场的日趋成熟，使其已经从过去的"卖方市场"转变为"买方市场"，用户对信用卡的需求已经产生了巨大的变化。这就要求发卡银行必须重视信用卡产品的细分市场，遵循"二八法则"，为不同消费需求的用户提供不同的权益与服务。

在过去很长时间里，发卡银行对信用卡产品更偏重于大众化权益与服务，结果却让发卡银行面临着既要讨好高端用户又要满足低端用户的情况，反而陷入了两难境地。信用卡产品实现精准的市场细分，让产品所附加的权益与服务能够满足不同用户的需求与定位，针对具有比较刚性消费特征的持卡人，可以让发卡银行尽可能实现收益最大化。

就像上面我们所分析的，信用卡市场日臻发展成熟，随着产品向"窄众化""差异化"方向发展，营销渠道随着增长变缓而转入低成本渠道，目的是降低成本、增加利润。这也是各发卡银行纷纷选择与互联网"头部"企业合作，发行大量的联名卡、主题卡产品的原因。这些产品是银行和互联网企业通过社会资源互换获得大量的客户资源的成果。

6.3.5 营销传播实战经验

1. 如何选择合适的意见领袖

在某个领域是意见领袖的人，在另一个领域不一定还能成为意见领袖。在群体中，谁领导、谁跟随，关键在于涉及的话题是什么。因此，意见领袖至少要具备下面几个特征：影响力、信息源、专业、可信赖、善交往和社会地位。

影响力是指意见领袖的影响很大，有很多人追随他。信息源是指意见领袖占有的信息量应该比一般受众多，他们能够有更多渠道、更多时间接触信息和更早接触信息。专业是指意见领袖在某个领域应该具备很多知识，能够对信息有较强的接收能力，理解信息并给出比较好的解读。可信赖是指意见领袖在这个领域容易获得其他受众的好感和信赖。善交往是不言自明的，因为只有具备很好的人际交往能力的人，才能受到更多人的青睐，才有可能成为意见领袖。社会地位有两层含义：一是意见领袖在他活动的那个群体中占有一定的社会地位；二是在这个群体之外，意见领袖有各种获得信息的社会关系。

值得注意的是，在当下这个互联网时代，就媒体影响力而言，先意见领袖再广大受众的二级传播理论需要修正。在互联网时代，有时候信息先被传递给广大受众，再由受众认可的意见领袖来确认和解释。例如，新冠肺炎疫苗应该尽早接种的信息第一时间就被广大受众所知晓，但许多非关键岗位的受众直到一些重要人物，如著名传染病专家接种和解释为什么后才开始接种疫苗。

2．如何让促销成为影响品牌建设的工具

- 促销要有合适的理由，不然会伤害品牌（没有合适理由的促销就是甩货）。一个新商店开业、一家公司的周年纪念及其他庆典对进行促销都是很好的理由，他们把品牌名称放在最明显的位置。春季开学和返校时间的庆祝不是举行促销活动的好理由，因为太普通了。

- 有合适理由的促销要联系品牌形象，提升品牌知名度。例如，生日和周年纪念是好主意。哈根达斯可以在 6 月 9 日阿根廷国庆日前后为它的 DDL 冰激凌（阿根廷当地的口味和名字）举行一场促销活动。

- 观察每项销售工作，包括它能做的和作为一种传播工具的促销工作。由于促销活动是宣传一个品牌的许多声音中的一种，如果它表达了正确的事，它会有助于提升品牌知名度。例如，拜阿斯匹林举行一场折价券促销活动，虽然提供了一种价格削减，但运用促销强化了产品的名称。

3．什么情况下需要使用促销

- 销售任务压力大，这是促销被使用的最常见的一种情况。

- 产品本身差异化不大，同时竞争对手用促销作为差异化工具。在这种情况下，不使用促销的一方将遭受份额损失。

- 广告效率下降。换句话说，若广告可以保持期望的销售量，没有必要再花额外的钱。

- 客户趋于交易导向，营销人员不得不用促销手段。

4．如何克服促销干扰

- 用更大优惠额度吸引客户的注意力，引导客户行动。

- 借助购买环境（比如商场中众多的商家都有促销活动），营销人员可以利用夸

张的现场购物表演，吸引更多客户对促销活动的注意力。

- 网络或电话促销对客户（接触到促销信息的时刻）是主要的刺激。

5．如何评价公关的效果和反馈

定性方面：

- 曝光量——报纸、杂志上的文章，网站上的宣传，以及其他任何不需要付费的宣传方式的数量。

- 知名度——什么地方刊登这类文章？报纸、杂志的发行量如何？转载这类文章的网站访问量是多少？

- 理解和态度方面的变化——文章中客户期望传播的对象被提到多少次？是否配有图片或视频？里面的赞扬和批评的比例各占多少？通常在一篇主要基调为赞扬的文章里，媒体为了保持公平会添加一些批评来维持平衡。

定量方面：

- 基于管理层预估的贡献率。

- 销售额。

- 利润贡献。

如果没有获得一定的曝光率，公关活动效果就不会好，应该尽快获得较高的关注度；如果曝光率不低，但没有取得理想的结果，可能因为所选择的题材不合时宜；如果题材很受欢迎，进行的公关活动很可能实现大部分或全部目标。

6．如何创造受欢迎的公关题材

- 用"不平常""新""有趣"的思路找新闻。

- 找不到时，创造新闻。
  - 创造事件，如晚会、展览会等。
  - 排名永远是一个有吸引力的新闻。

附录 A

银行业知识管理案例集清单（32 个）

一、大型商业银行相关案例（4 个，占比 13%）

- 案例 2.2　信用卡摆摊晋级数字化营销
- 案例 3.7　久悬账户的优质客户挖掘
- 案例 6.4　交通银行"长三角信用卡"加快金融服务"同城化"
- 案例 6.5　信用卡产品"窄众化"的渠道变化趋势

二、股份制商业银行相关案例（1 个，占比 3%）

- 案例 6.2　华夏"云闪付"主题信用卡打造业界第一

三、城市商业银行相关案例（2 个，占比 6%）

- 案例 3.2　青岛银行"5G+生态"，实现"一带一路"双循环
- 案例 5.7　中原银行的品牌定位

四、农村金融机构相关案例（3 个，占比 9%）

- 案例 3.3　多元创新金融服务描绘新农村宏图
- 案例 4.6　借助金融社保一卡通，滨州市推动人社政务进村居
- 案例 5.8　"烟商 e 贷"畅通小微企业融资渠道

五、境外金融机构相关案例（9 个，28%）

- 案例 3.4　美国早期信用卡欺诈案件
- 案例 3.5　马来西亚支付行业群雄逐鹿
- 案例 3.6　跨境电商新风口成就首家外资银行卡清算机构
- 案例 4.4　美国 Privacy 虚拟信用卡的产品定位
- 案例 4.5　新冠肺炎疫情下美国首家银行破产会引发金融危机吗
- 案例 5.2　Start Network 用区块链解决慈善的信任黑洞

- 案例 5.3　Wirecard 发展始末的全透视
- 案例 5.6　五家境外金融机构的品牌传播策略
- 案例 5.9　PayPal 的反洗钱情结

六、其他金融机构相关案例（13 个，41%）

- 案例 2.1　美团"月付"叫板蚂蚁金服"花呗"
- 案例 2.3　通联支付数字营销拥抱智慧旅游
- 案例 3.1　短视频和直播发力——金融机构谋获客新变局
- 案例 4.1　拉卡拉的战略进化之路
- 案例 4.2　央行数字货币加速金融交易系统的多元化发展
- 案例 4.3　恒大集团与通联支付联手打造"恒房通"
- 案例 5.1　职业恶意投诉人"碰瓷"小型非银行支付机构
- 案例 5.4　小微银行生态差异化对我国数字银行发展的启示
- 案例 5.5　哔哩哔哩支付品牌来了
- 案例 5.10　51 信用卡的暴力催收引发严监管
- 案例 5.11　ofo 消失背后的渠道失误
- 案例 6.1　携程"BOSS 直播"带货超 11 亿元
- 案例 6.3　信联科技风靡一时的秘密

参考文献

[1] 菲利普·科特勒，凯文·莱恩·凯勒. 营销管理[M]. 11 版. 何佳讯，于洪彦，朱永革，等译. 上海：上海人民出版社，2005.

[2] 艾·里斯，杰克·特劳特. 定位：争夺用户心智的战争[M]. 郑德隆，火华强，译. 北京：机械工业出版社，2021.

[3] 于兆鹏. 银行业产品管理实战精析[M]. 北京：电子工业出版社，2020.

[4] 于兆鹏. 银行业项目管理实战精析[M]. 北京：电子工业出版社，2020.

[5] 于兆鹏. 银行业知识管理实战精析[M]. 北京：电子工业出版社，2021.

[6] 胡舒立，等. 新常态改变中国:首席经济学家谈大趋势[M]. 北京：民主与建设出版社，2014.

[7] 汪同三，等. 品牌蓝皮书：中国自主品牌评价报告（2018）[M]. 北京：社会科学文献出版社，2018.

反侵权盗版声明

电子工业出版社依法对本作品享有专有出版权。任何未经权利人书面许可，复制、销售或通过信息网络传播本作品的行为；歪曲、篡改、剽窃本作品的行为，均违反《中华人民共和国著作权法》，其行为人应承担相应的民事责任和行政责任，构成犯罪的，将被依法追究刑事责任。

为了维护市场秩序，保护权利人的合法权益，我社将依法查处和打击侵权盗版的单位和个人。欢迎社会各界人士积极举报侵权盗版行为，本社将奖励举报有功人员，并保证举报人的信息不被泄露。

举报电话：（010）88254396；（010）88258888

传　　真：（010）88254397

E-mail：dbqq@phei.com.cn

通信地址：北京市万寿路 173 信箱

　　　　　电子工业出版社总编办公室

邮　　编：100036